Das Buch

Als Konrad Lorenz noch in Altenberg bei Wien lebte, glich sein Haus einer Arche Noah. Es war bevölkert von allen möglichen Tieren, die mit großer Liebe an ihrem Herrn und Meister hängen. Allerdings waren diese Freundschaften mit Tieren einem geregelten Haushalt nicht immer zuträglich: Wildgänse, die im Schlafzimmer übernachten und frühmorgens durch das offene Fenster ausfliegen, Kakadus, die alle erreichbaren Knöpfe von der Wäsche abbeißen, Singvögel, die wenig Rücksicht auf Möbel und Vorhänge nehmen, schafften manchen Ärger. Unaufdringlich und humorvoll schildert Lorenz die differenzierten Verhaltensweisen der Tiere.

Der Autor

Konrad Lorenz, 1903 in Altenberg bei Wien geboren, gehört zu den Begründern der vergleichenden Verhaltensforschung. Als Direktor des Max-Planck-Instituts für Verhaltensphysiologie in Seewiesen/Obb. (bis 1973) und Mitherausgeber der ›Zeitschrift für Tierpsychologie‹ verschaffte er dieser jungen wissenschaftlichen Disziplin weltweite Anerkennung. Heute lebt Lorenz wieder in Altenberg, wo er im Rahmen des Instituts für vergleichende Verhaltensforschung der Österreichischen Akademie der Wissenschaften seine Forschungen fortsetzt. Zusammen mit Karl von Frisch und Nikolaas Tinbergen erhielt er 1973 den Nobelpreis für Medizin.

dtv-großdruck

Konrad Lorenz:
Er redete mit dem Vieh,
den Vögeln und den Fischen

Deutscher
Taschenbuch
Verlag

Dieses Buch liegt auch im Normaldruck als Band 173 im Deutschen Taschenbuch Verlag vor.

Von Konrad Lorenz sind außerdem erschienen:
So kam der Mensch auf den Hund (329)
Beobachtungen an Dohlen, Die Paarbildung beim Kolkraben. In: ›Mensch und Tier‹ (481)
Vom Weltbild des Verhaltensforschers (499)
Das sogenannte Böse (1000)
Die Rückseite des Spiegels (1249)
Der Kumpan in der Umwelt des Vogels (4231)

Ungekürzte Ausgabe
April 1978
Deutscher Taschenbuch Verlag GmbH & Co. KG,
München
© 1949 Verlag Dr. G. Borotha-Schoeler, Wien
Umschlaggestaltung: Celestino Piatti
Gesamtherstellung: C. H. Beck'sche Buchdruckerei,
Nördlingen
Printed in Germany · ISBN 3-423-02508-5

Inhalt

Über Fabrikationsfehler 7
Vorwort 11
Ärger mit Tieren 14
Etwas, das keinen Schaden macht: das Aquarium . . 23
Zwei Raubtiere im Aquarium 30
Fischblut 35
Die zeitlosen Gesellen 54
Salomos Ring 100
Das Gänsekind Martina 118
Schaff dir keinen Buchfinken an 136
Mitleid mit Tieren 157
Moral und Waffen 164
Treue ist doch kein leerer Wahn 185
Lachen über Tiere 200

Über Fabrikationsfehler

Ein reumütiges Vorwort zur zweiten Auflage der Originalausgabe

Wir, das heißt der Autor, der nie vorher ein Buch geschrieben hatte, die Verlegerin, die eigentlich Juristin und sekundär Buchdruckerin ist, die noch nie ein Buch verlegt hatte, und schließlich der Lektor, der es zwar faustdick hinter den Ohren hat, aber der einzige literarische »Professional« unter uns dreien ist, haben voriges Jahr an einem gemütlichen Abend, da man über gute und schlechte Tierbücher diskutierte, beschlossen, dieses Büchlein zu fabrizieren. Wir sind herzlich stolz auf unser Produkt, wollen uns aber nicht verhehlen, daß es einige Fehler hat.

Da ist zum Beispiel gleich der Titel: »Er redete mit dem Vieh, den Vögeln und den Fischen«! Er kann offenbar mißverstanden werden, denn einer meiner Leser schrieb mir, er habe das Buch, ein Weihnachtsgeschenk, beinahe wieder weggelegt, da er sich durchaus nicht darüber habe klar werden können, zu *welcher* Kategorie der Angeredeten er sich selbst rechnen solle.

Dann die Sache mit dem Titel des vierten Kapitels, »Drei Raubtiere im Aquarium«: wer genau nachzählt, wird finden, daß es nur zwei sind, die Gelbrand- und die Libellenlarve. Den dritten Räuber, den Hecht, hat der Lektor gestrichen, weil er zu lang war (der Hecht, nicht der Lektor). Die Kapitelüberschrift hat er aber unverändert stehen lassen, so war denn ein Raubtier zu wenig. Ich habe schreckliche Folgen befürchtet. Zum Glück aber hat nur ein einziger Leser den kleinen Fehler bemerkt: ein wegen seiner Gründlichkeit weithin bekannter Gelehrter.

Auch ist da die schreckliche Geschichte mit den Goldhamstern, die man frei im Zimmer laufen lassen kann, weil sie – laut Buch – nicht nagen und nicht klettern. Mir schwante schon Schlimmes, als ich unmittelbar nach der Drucklegung unseres Büchleins ein Goldhamsternest *auf* einem hohen Maria-Theresien-Kasten und *in* einem Briefordner gefunden hatte. Ein dicker alter Hamstermann hatte das Papier als vorzügliches Nistmaterial erkannt, eine wundervolle Stemmkamin-Technik ausgebildet, mit der er zwischen Kasten und Wand emporklettern konnte, hatte schließlich in das Briefbündel einen zentralen, kugelförmigen Hohlraum genagt und mit der so gewonnenen Papierwolle das Nest wohnlich eingerichtet. Von den in jenem Ordner mittezu liegenden Briefen war nur noch eine Art Rahmen vorhanden; nach außen zu wurden die runden Löcher kleiner – in einer Kurve, die sich nicht nur der darstellende Geometriker leicht rekonstruieren kann – und nur die ersten und die letzten Briefe waren unversehrt. Zuschriften aus dem Kreise meiner lieben Leser, die, nach einigen mich ehrenden Äußerungen, den allgemeinen Wert des Buches betreffend, auf das Kapitel Goldhamster überleiten, lege ich grundsätzlich sofort weg: ich weiß, was nun kommt! Ich selbst habe die Goldhamster wieder in ihre Käfige verbannt, nicht wegen des Briefordners – etwas anderes haben sie bisher wirklich nicht gefressen – sondern weil sie die Wüstenspringmaus gefährden würden, die seit einiger Zeit frei in meinem Zimmer haust. Leider hat beim letzten »Gründlichmachen« meine Frau im Nest besagten Nagetieres als schwer inkriminierende Corpora delicti rote und blaue Wolle vom Teppich gefunden (von dem großen Perserteppich mit den ursprünglich dunkelgrünen, inzwischen hell gelblichgrün gewordenen Tupfen: vgl. Seite 15). So wird entweder der Teppich oder die Maus aus meinem Zimmer müssen, ich bin mir noch nicht ganz klar, wer von beiden.

Schließlich habe ich mich gerade in den letzten Tagen über Aquarien so geärgert, daß mir der Titel des zweiten Kapitels »Etwas, das keinen Schaden macht – das Aquarium« geradezu aufreizend vorkommt. Neulich ist nämlich an einem Hundertliterbecken heimlich und nächtlicherweile eine Scheibe gesprungen, so daß das Zimmer überschwemmt wurde, und vorgestern um fünf Uhr früh haben meine drei Durchlüftungspumpen gleichzeitig ihre Tätigkeit eingestellt. Bis wenigstens eine wieder hergestellt war habe ich sieben Stunden mit den Pumpen und um die Wette mit dem Ersticken einer zahlreichen Brut halbwüchsiger Cichliden (Etroplus maculatus) gekämpft. Es stehen zwar genug ausdrückliche Warnungen in meinem Buch, daß man nicht zu viele Fische in ein Becken pferchen soll, keinesfalls aber mehr als dem biologischen Gleichgewicht des Aquariums entspricht. In jenem Behälter waren leider halt rund dreihundert kleine Etroplusserln von zwei bis drei Zentimeter Länge, während höchstens ihrer dreißig hinein gehören. So bot die Arbeit des Pumpenreparierens einige Parallelen zu der eines Chirurgen, der mit einem stark blutenden aber unauffindbaren Gefäß kämpft. Aber morgen, ich schwöre es, werden die überzähligen zweihundertsiebzig Fischkinder in verschiedene Wiener Zierfischhandlungen abgeschoben.

Nach all diesen Erfahrungen bin ich über die Kapitel-überschriften so erbost, daß ich mir zwei Buchfinken angeschafft habe, weil das neunte Kapitel heißt »Schaff dir keinen Buchfinken an«. Es sind zwei süße kleine Kinder, die meine Mitarbeiterin, Dr. Ilse Prechtl-Gilles, aufgezogen hat, um experimentell über die Bettel-Reaktionen junger Singvögel zu arbeiten. Vorläufig sind die Vögelchen reizend zahm und sehr nett. Dies zum Trost für diejenigen Vogel-Liebhaber unter meinen Lesern, die mir vorwurfsvolle Briefe zur Verteidigung des Buchfinken geschrieben haben!

Trotzdem ist natürlich eigentlich doch alles wahr, was in dem Buch steht – relativ genommen. Man versuche nur einmal, ein Eichhörnchen frei im Zimmer zu halten, der Goldhamster wird einem dann völlig harmlos scheinen, ein Aquarium macht nur in verschwindenden Einzelfällen Schaden und Ärger, und die Buchfinken werden sicher nicht so zahm und nett bleiben, wie sie heute sind. Also lassen wir alles genau so stehen, wie es in der ersten Auflage zu lesen ist* – justament!

* Ausgenommen die Raubtierzählung (Anm. d. Lektors)

Vorwort

Was ich im Zorn vollbracht,
wuchs voll Pracht
über Nacht – und ward verregnet.

Was ich aus Lieb' gesät,
keimte stet,
reifte spät – und ist gesegnet!

Peter Rosegger

Um Tiergeschichten schreiben zu können, muß man von einem warmen und echten Gefühl für die lebende Kreatur ergriffen sein. Man darf mir zugestehen, daß ich das bin; aber: die schönen Verse Peter Roseggers sind mir nicht deshalb eingefallen, weil dieses Buch fürs erste meiner Liebe zum lebenden *Tier* entsprungen ist, sondern meinem Zorn über *Bücher,* die vom Tiere handeln. Denn ich muß gestehen: wenn ich je in meinem Leben irgend etwas im Zorn vollbracht habe, dann war es die Niederschrift dieser Tiergeschichten.

Zorn worüber? Über die vielen, unglaublich schlechten, verlogenen Tiergeschichten, die heute in allen Buchhandlungen angeboten werden; Zorn über die vielen Schreiberlinge, die vorgeben, vom Tier zu erzählen, es aber gar nicht kennen. Wer eine Biene den Rachen aufreißen und schreien, wer Hechte im Kampf einander an der Gurgel packen läßt – der beweist, daß er nicht einmal eine blasse Vorstellung vom Aussehen jenes Tieres hat, das er aus eigener Anschauung und Liebe zu beschreiben vorgibt. Wenn einige Auskünfte der zuständigen Züchterverbände genügten, um ein Tierbuch abzufassen, wären Leute wie etwa der ältere Heck, Bengt Berg, Paul Eipper, Ernest Seton Thompson oder Wäscha Kwonnesin Narren, da sie ein ganze Leben an die Erforschung der Tiere gewandt haben. Es ist nicht abzusehen, wieviel Irrtum von solch verantwortungslos geschriebenen Tiergeschichten unter die Leser, vor allem unter die lebhaft teilnehmende Jugend, getragen wurde.

Man wende nicht ein, Fälschungen seien legitime Freiheiten der künstlerischen Darstellung. Gewiß, Dichtern ist es erlaubt, wie jeden anderen Gegenstand, so auch das Tier nach den Notwendigkeiten dichterischer Verfahrensweise zu »stilisieren«: Rudyard Kiplings Wölfe und Panther, sein unvergleichlicher Mungo Rikkitikkitavi sprechen wie Menschen, Waldemar Bonsels Biene Maja vermag sogar förmlich und höflich zu sein wie sie.

Solche Stilisierungen sind nur dem erlaubt, der das Tier wirklich kennt. Auch der bildende Künstler ist nicht dazu verhalten, das Objekt seiner Darstellung mit wissenschaftlicher Genauigkeit wiederzugeben. Aber dreimal wehe ihm, wenn er dies *nicht kann* und die Stilisierung nur zum Deckmantel dieses Unvermögens benutzt.

Ich bin Naturwissenschafter, nicht Künstler. Ich werde mir daher durchaus keine Freiheiten und »Stilisierungen« gestatten. Übrigens glaube ich, daß es dieser Freiheiten gar nicht bedarf, daß es vielmehr genügt, sich wie bei streng wissenschaftlichen Arbeiten so auch hier bloß an die Tatsachen zu halten, will man dem Leser aufschließen, wie schön das Tier ist. Denn die Wahrheiten der organischen Natur sind von liebenswürdiger und ehrfurchtgebietender Schönheit, und sie werden immer schöner, je tiefer man in ihre Einzelheiten und Besonder-

heiten eindringt. Es ist unsinnig zu meinen, die Sachlich-
keit der Forschung, das Wissen, die Kenntnis der natürlichen Zusammenhänge schmälerten die Freude am
Wunderbaren der Natur. Im Gegenteil: der Mensch
wird um so tiefer und nachhaltiger von der lebendigen
Wirklichkeit der Natur bewegt werden, je mehr er über
sie weiß. Es gibt keinen guten und erfolgreichen Biologen, der nicht aus inniger Freude an den Schönheiten der
lebendigen Kreatur zu seinem Lebensberufe gelangt
wäre, und dem das Wissen, das ihm aus diesem Berufe
zuwuchs, nicht auch wieder die Freude an Natur und
Arbeit vertieft hätte. Und mehr noch als für alle anderen
Zweige der Lebenskunde gilt dies für das Forschungsge-
biet, dem ich selbst meine Lebensarbeit gewidmet habe,
nämlich die Erforschung des *Verhaltens* der Tiere. Diese
verlangt eine so unmittelbare Vertrautheit mit dem lebenden Tier, aber auch eine so unmenschliche Geduld
des Beobachters, daß das theoretische Interesse am Tier
allein nicht hinreichte, die Ausdauer zu unterhalten,
wäre die Liebe nicht, die gerade im Verhalten von
Mensch und Tier das Verwandte, das sie fühlte, nun auch
zu sehen vermag.

So darf ich hoffen, daß mir dieses Buch zuletzt doch
nicht verregnet wird; wenn ich es auch eingestandener-
maßen im Zorne vollbracht habe, so entstammte doch
dieser Zorn selbst jener Liebe!

Altenberg, im Sommer 1949

Konrad Lorenz

Ärger mit Tieren

Warum ich zuerst von den Schattenseiten des Zusammenlebens mit Tieren erzähle? Weil das Maß der Bereitschaft, diese Schattenseiten zu ertragen, Opfer zu bringen, auch ein Maß der Tierliebe ist. Unsterbliche Dankbarkeit meinen geduldigen Eltern, die nur den Kopf schüttelten oder nachgiebig seufzten, wenn ich als Schüler oder junger Student schon wieder einen neuen und voraussichtlich schadenstiftenden künftigen Hausgenossen heimbrachte. Und was hat meine Frau im Laufe der Jahre er- und geduldet! Denn wer dürfte wohl seiner Gattin zumuten, daß eine zahme Ratte in der Wohnung frei herumläuft, aus den Bettüchern nette kleine Scheibchen nagt, um damit ihr Nest zu tapezieren? Oder, daß ein Kakadu von der Wäsche, die zum Trocknen im Garten hängt, sämtliche Knöpfe abbeißt? Oder, daß eine zahme Wildgans im Schlafzimmer nächtigt, welches sie morgens durch das Fenster fliegend verläßt? (Wildgänse sind *nicht* zimmerrein!) Oder: Was würde eine andere Frau sagen, wenn sich herausstellt, daß die hübschen blauen Tupfen, mit denen Singvögel nach dem Genuß von Hollunderbeeren sämtliche Möbel und Vorhänge verziert haben, absolut *nicht* »herausgehen«? Was würde sie sagen, wenn ... und so weiter über zwanzig Seiten!

Man wird mich fragen: Ist denn das alles unbedingt notwendig? Und meine Antwort wird ein lautes und deutliches Ja sein. Gewiß kann man Tiere auch in durchaus salonfähigen Käfigen halten, *kennenlernen* jedoch kann man höhere und geistig regsamere Tiere nur dann, wenn sie sich frei bewegen dürfen. Wie arm, ja innerlich verstümmelt, ist so ein käfiggewohnter Halbaffe, Affe oder größerer Papagei, und wie unglaublich regsam, unterhaltend und interessant ist dasselbe Tier in völliger Freiheit! Auf Schaden und Ärger muß man sich allerdings dann auch gefaßt machen. Höhere Tiere in unbeschränkter Freiheit zu halten war schon aus rein methodisch-wissenschaftlichen Gründen seit jeher meine Spezialität, wie denn auch ein sehr erheblicher Teil meiner Forschungen an freilebenden, zahmen Tieren durchgeführt wurde. Das Käfiggitter hat in Altenberg eine umgekehrte Rolle gespielt als sonst: Es hatte zu verhindern, daß die Tiere ins Haus oder in den Vorgarten kamen. Auch war es ihnen strengstens »verboten«, sich innerhalb des Drahtgitters aufzuhalten, das die schönen Blumenbeete umgab. Aber wie für kleine Kinder hat auch für solche klugen Tiere alles Verbotene eine magische Anziehungskraft. Außerdem verlangten die reizend anhänglichen Wildgänse menschliche Gesellschaft. So kam es denn immer wieder vor, daß, ehe man sich's versah, zwanzig oder dreißig Wildgänse auf den Blumenbeeten weideten oder, noch schlimmer, mit lautem Begrüßungsgeschnatter in die Veranda einfielen. Nun ist es ungemein schwer, einen Vogel, der fliegen kann, aber den Menschen nicht fürchtet, von einem bestimmten Orte fernzuhalten. Da helfen das wildeste Geschrei, die heftigsten Bewegungen der Arme nicht. Als einziges noch wirksames Schreckmittel jedoch blieb ein riesiger, knallroter Garten-Sonnenschirm. Gleich einem Ritter mit eingelegter Lanze sprengte meine Frau, den gefalteten Sonnenschirm unterm Arm, auf die Wildgänse zu, wenn sie wieder einmal die eben gesetzten Blumen abzuweiden begannen, stieß einen kriegerischen Schrei aus und öffnete mit einem Ruck den Schirm. Das war selbst unseren Gänsen zu viel, und sie erhoben sich rauschend in die Lüfte. Leider machte mein Vater alle gänseerzieherischen Maßnahmen meiner Gattin weitgehend zunichte. Der alte Herr liebte die Graugänse sehr, besonders wegen des ritterlich-mutigen Verhaltens der Gänseriche; so ließ er es sich nicht nehmen, die Gänse täglich zur Jause in die Veranda einzuladen. Da er zu jener Zeit schon ziemlich schlecht sah, merkte er von den *materiellen* Folgen eines solchen Gänsebesuches nur dann etwas, wenn er unmittelbar hineintrat. Als ich eines Tages zur Vesperzeit in den Garten ging, fand ich zu meinem Erstaunen fast gar keine Gänse. Schlimmes ahnend, lief ich nach dem Arbeitszimmer meines Vaters, und siehe da: Auf dem wundervollen Perserteppich standen vierundzwanzig Gänse um meinen alten Herrn versammelt, der an seinem Schreibtisch Tee trank, ruhig in der Zeitung las und ein Stück Brot nach dem andern den Gänsen hinhielt. Diese waren in dem ihnen fremden Raum etwas nervös, was sich unangenehmerweise merkbar auf ihre Darmtätigkeit auswirkte. Denn wie auch andere Tiere, die viel Pflanzenfasern verdauen müssen, haben die Gänse einen sehr ausgebildeten Blinddarm, in welchem die Zellulose von Zellstoff spaltenden Bakterien für den Körper verwendbar gemacht wird. In der Regel kommt auf etwa sechs bis acht normale Ausleerungen des Darms eine des Blinddarminhalts, der einen eigenartig strengen Geruch und eine dunkelgrüne, sehr kräftige Farbe hat. Ist nun eine Wildgans ängstlich und nervös, folgt ein Blinddarmklacks auf den anderen. Seit diesem Gänsebesuch sind mehr als elf Jahre vergangen; die dunkelgrünen

Tupfen auf dem Teppich sind inzwischen hell gelblich-grün geworden.

So lebten denn die Tiere zwar in völliger Freiheit, aber doch unserem Hause vertraut. Sie haben immer nur *zu* uns, nie *von* uns gewollt. Ruft man anderswo: »Der Vogel ist aus seinem Käfig entkommen, macht rasch die Fenster zu«, heißt es bei uns: »Um Gottes willen, schließt die Fenster, der Kakadu (Rabe, Mongozmaki, Kapuzineraffe) will *herein*!« Die schönste Anwendung der »verkehrten Gitterwirkung« hat meine Gattin gefunden, als unser ältestes Kind noch sehr klein war. Wir hielten damals gerade einige große und wehrhafte Tiere, Kolkraben, zwei große Gelbhaubenkakadus, zwei Mongozmakis und einen Kapuzineraffen, die man, besonders die Raben, nicht gut mit dem Kinde allein lassen konnte. So baute denn meine Frau kurzerhand im Garten einen großen Käfig und stellte – die Gehschule hinein!

Die Fähigkeit und Neigung, Schaden zu stiften, steht bei höheren Tieren leider in geradem Verhältnis zu ihrer geistigen Höhe. Daher kann man vor allem die Affen nicht dauernd unbeaufsichtigt frei laufen lassen. Bei Halbaffen jedoch, vor allem bei dem reizenden Mongozmaki, der uns so viele Jahre ein lieber und erheiternder Hausgenosse war, ist dies möglich, da sie noch kein sachlich forschendes Interesse an häuslichen Einrichtungsgegenständen haben. Echte Affen hingegen, und zwar schon die stammesgeschichtlich tieferstehenden Neuweltaffen (Platyrhinae), interessieren sich brennend für jeden ihnen neuen Gegenstand und »experimentieren« mit ihm. So interessant das nun vom tierpsychologischen Standpunkt sein mag, für den Haushalt ist dies auf die Dauer finanziell nicht tragbar. Hierfür nur ein Beispiel.

Als junger Student hatte ich in der Wiener Stadtwohnung meiner Eltern einen prächtigen, großen gehaubten Kapuziner (Cebus Fatuellus), ein Weibchen namens Gloria. Sie bewohnte einen sehr geräumigen Käfig in meinem Schlaf- und Studierzimmer. War ich zuhause und konnte sie beaufsichtigen, durfte sie im Zimmer frei herumlaufen; mußte ich fortgehen, sperrte ich sie in den Käfig, in dem sie sich ungemein langweilte und alles daransetzte, möglichst schnell frei zu kommen. Als ich eines Abends nach längerer Abwesenheit heimkehrte und den Knopf am Lichtschalter drehte, blieb alles dunkel wie zuvor; doch Glorias kichernder Gesang, der nicht aus dem Käfig, sondern von der Vorhangstange herab ertönte, ließ keinen Zweifel über Ursache und Urheberschaft der Stromstörung zu. Als ich mit einer brennenden Kerze wiederkam, bot sich meinen staunenden Augen folgender Tatbestand: Gloria hatte die schwere bronzene Nachttischlampe von ihrem Standort herab und quer durch das Zimmer geschafft (dabei den Stecker unglücklicherweise nicht aus der Wand gezogen), auf das oberste Aquarium, ein Seewasserbecken, hinaufgewuchtet und wie mit einem Rammbock die dicke Deckscheibe eingeschlagen, so daß die Lampe in der Flut versank. Daher also der Kurzschluß! Hierauf, oder auch schon vorher, hatte Gloria das überaus schwer zu öffnende Schloß meines Bücherschrankes aufgesperrt, bei der Kleinheit des Schlüssels eine erstaunliche Leistung, hatte von Strümpels ›Lehrbuch der inneren Medizin‹ Band 2 und 4 herausgenommen, auf den Aquarienständer getragen, dort in winzige Fetzen zerrissen und diese restlos in das Becken gefüllt. Am Boden lagen nur die leeren Einbände, jedoch keine Papierschnitzel. Im Becken saßen traurige Seeanemonen, die Tentakel voller Papier . . .

Das Interessante an diesem Vorfall war die strenge Sachbezogenheit dieses »Experimentierspieles«: Der Affe muß sich also erhebliche Zeit mit der einen Aufgabe beschäftigt haben; schon rein körperlich war die geleistete Arbeit für ein so kleines Tier anerkennenswert. Nur etwas teuer!

Was steht diesem nicht enden wollenden und auch sehr kostspieligen Ärger mit freilebenden tierischen Hausgenossen an Positivem gegenüber?

Nicht zu reden von den methodischen Gründen, die es für gewisse tierpsychologische Untersuchungen notwendig machen, ein seelisch gesundes, von den schädlichen Einwirkungen der Gefangenschaft unbeeinflußtes Versuchstier zu haben, gewährt das freilebende Tier, das fort *könnte* und doch dableibt, und zwar aus Anhänglichkeit zu mir dableibt, einen unnennbaren Reiz. Wenn ich auf einem Spaziergang in den Donauauen den sonoren Ruf des Raben höre und auf meinen antwortenden Ruf der große Vogel hoch droben am Himmel die Flügel einzieht, in sausendem Falle herniederstürzt, mit kurzem Aufbrausen abbremst und in schwereloser Zartheit auf meiner Schulter landet, so wiegt dies sämtliche zerrissenen Bücher und sämtliche leergefressenen Enteneier auf, die der Rabe auf dem Gewissen hat. Der Zauber des Erlebnisses schwindet auch dann nicht, wenn es alltäglich und der Wotansvogel mir zu einem ebenso selbstverständlichen Hausgenossen geworden ist wie jemandem anderen Hund oder Katze. Denn das Tier, einmal vertraut geworden, gibt ja nicht nur das, was es im jeweiligen Augenblick seines Daseins gewährt, sondern auch das, woran es mich erinnert. So ging ich einmal an einem trüben Vorfrühlingstage zur Donau hinunter. Das noch winterlich schmale und dunkle Band des Stromes kommen Schellenten, Zwerg-, Mittel- und Gänsesäger, hie und da eine Schar Saat- oder Bläßgänse entlanggezogen, und unter ihnen, als müßte das so sein, eine Schar Graugänse. Ich sehe, daß der Gans, die als zweite im linken Gliede der dreieckigen Phalanx fliegt, eine Handschwinge fehlt. Und bei diesem Anblick ist mir mit einem Male alles gegenwärtig, was ich über diese eine Gans und diese eine abgebrochene Schwungfeder weiß, was geschehen war, daß sie brach. Denn selbstverständlich sind es *meine* Graugänse, die da hinziehen, andere gibt es auf der Donau auch zur Zugzeit nicht.

Die zweite Gans also im linken Flügel des Dreiecks ist der Gänserich Martin. Er hat sich zuzeiten mit meiner zahmen Zimmergans Martina verlobt und ist daher nach ihr getauft worden (vorher war er bloß eine Nummer, weil nur die von mir selbst aufgezogenen Gänse Namen erhielten). Bei Graugänsen begleitet nun der junge Verlobte seine Braut buchstäblich auf Schritt und Tritt. Da aber Martina sich völlig frei und furchtlos in allen Räumen unseres Hauses bewegte, ohne nach den Bedenken des im Freien aufgewachsenen Bräutigams zu fragen, war dieser genötigt, sich in die ihm unbekannten Räume zu wagen. Wenn man weiß, welche Hemmungen die Graugans als Vogel freier Flächen hat, sich auch nur zwischen Gebüsche und unter Bäume zu wagen, so dünkt uns Martin ein kleiner Held, wie er seiner Angebeteten mit hochgerecktem Halse durch das Haustor in

die Halle und dann noch die Treppe hinauf bis ins Schlafzimmer folgt. Ich sehe ihn noch mitten im Zimmer stehen, steil aufgerichtet, das Gefieder übermäßig glatt an-
gepreßt, den Schnabel offen, zitternd vor innerer Spannung und doch laut zischend den großen Unbekannten
zum Kampfe herausfordernd. Da fällt plötzlich hinter
ihm krachend die Tür zu. Jetzt noch standhaft zu bleiben
war selbst einem Gänsehelden nicht zuzumuten. Er flog
auf und kerzengerade in den Glaslüster. Der büßte mehrere Anhängsel ein. Ritter Martin aber eine Handschwinge.

Das also weiß ich über die fehlende Handschwinge der
Gans, die als zweite im linken Gliede fliegt, aber ich weiß
noch mehr, Tröstlicheres. Ich weiß zum Beispiel: Wenn
ich jetzt von meinem Gange nach Hause komme, werden die Gänse auf der Treppe vor der Veranda stehen
und mich mit lang vorgestreckten Hälsen begrüßen, was
bei Gänsen dasselbe bedeutet wie beim Hund das
Schwanzwedeln.

Und während ich noch den Gänsen nachblicke, die,
niedrig über dem Wasser fliegend, in der nächsten
Krümmung des Stromes verschwinden, packt mich
plötzlich jene Verwunderung über das Vertraute, die der
Geburtsakt der Philosophie ist. Ich staune zutiefst, daß
es möglich war, mit einem freilebenden Vogel in so
vertrauten Verkehr zu treten, und ich empfinde diese
Tatsache als etwas seltsam Beglückendes, so, als sei
durch sie ein kleiner Teil der Vertreibung aus dem Paradiese rückgängig gemacht worden.

Die Raben sind dahin, die Graugänse aus dem be-
schossenen Königsberg, wo ich zuletzt an der Universi-
tät las, abgewandert, wer weiß, wohin. Von allen meinen

frei fliegenden Vögeln sind nur noch die Dohlen vorhanden. Sie waren die ersten von allen Vögeln, die ich in Altenberg ansiedelte. Die zeitlosen Gesellen ziehen immer noch ihre Kreise um die hohen Giebel und ihre hellen Rufe, deren Bedeutung ich bis ins einzelne verstehe, klingen immer noch durch den Schacht der Luftheizung herab in mein Arbeitszimmer. Und immer noch verstopfen ihre Nester alljährlich die Rauchfänge, gibt es Ärger über den Schaden, den sie an den Kirschbäumen der Nachbarn stiften.

Wird man verstehen, daß es nicht nur das wissenschaftliche Ergebnis ist, das Ärger und Kosten vergilt, sondern mehr, viel, viel mehr?

Etwas, das keinen Schaden macht: das Aquarium

Es kostet fast gar nichts und ist doch wundervoll: Bedekke den Boden eines Glases mit einer Handvoll reinem Sand, steck in diesen Bodengrund ein paar Zweiglein gewöhnlicher Wasserpflanzen, gieße vorsichtig einige Liter Leitungswasser ein und stelle das Ganze auf ein sonniges Fensterbrett. Sobald sich das Wasser geklärt hat und die Pflanzen zu wachsen begonnen haben, setze ein paar kleine Fische hinein, oder, noch besser, geh mit Einsiedeglas und kleinem Käscher hinaus an den nächsten Tümpel – einige Netzzüge, und du hast eine Fülle Organismen.

Der ganze Zauber der Kindheit hängt für mich auch heute noch an einem solchen Käscher, der beileibe nicht ein tadelloses Instrument mit Messingbügel und Müllergazebespannung sein darf, vielmehr verlangt die Tradition, daß man ihn binnen zehn Minuten selbst bastelt: aus roh gebogenem Draht den Bügel, den Beutel aus einem Strumpf, Vorhangstück oder einer Windel. Mit einem solchen Gerät habe ich mit neun Jahren die ersten Daphnien für meine Fische gefangen und dabei die kleine Wunderwelt des Süßwassertümpels entdeckt, die mich sofort in ihren Bann schlug. Der Käscher hatte die Lupe im Gefolge, diese wiederum ein bescheidenes Mikroskop, und damit war mein Schicksal unwandelbar bestimmt. Denn wer die Schönheit angeschaut mit Augen ist nicht dem Tod anheimgegeben, wie Platen meint, wohl aber, so er die Schönheit der Natur angeschaut, dieser Natur. Und hat er wirklich Augen, wird er unweigerlich Naturforscher.

Du streifst also mit dem Käscher über die Wasserpflanzen des nächsten Tümpels hin, wobei du meistens
Wasser und Schlamm in die Schuhe bekommst. Hast du
den Ort richtig gewählt und einen Tümpel gefunden, in
dem »etwas los ist«, wimmelt der Grund des Netzes von
glasig durchsichtigen, kribbelnden, sich windenden Wesen. Du stülpst die Spitze des Netzbeutels von unten her
um und spülst ihn im Einsiedeglas aus, das du schon
vorher mit Wasser gefüllt hast. Daheim angekommen,
leerst du den Fang vorsichtig in dein Aquarium und
betrachtest die kleine Welt, die du nun vor Augen und
Händen hast. Das Aquarium *ist* Welt. Denn wie in einem natürlichen Tümpel oder See, ja wie schließlich
überhaupt auf unserem ganzen Planeten, leben auch im
Aquarium tierische und pflanzliche Wesen im nämlichen
biologischen Gleichgewicht: Die Pflanze verbraucht die
Kohlensäure, die das Tier ausatmet, und scheidet ihrerseits Sauerstoff aus. Es ist unrichtig zu sagen, die Pflanze
atme nicht wie das Tier, sondern »umgekehrt«. Sie atmet
genau so wie dieses Sauerstoff ein und Kohlensäure aus;
doch außerdem und unabhängig davon nimmt die wachsende Pflanze Kohlensäure auf, das heißt, sie verbraucht
den Kohlenstoff für den Aufbau ihres eigenen Körpers
und scheidet dabei Sauerstoff aus, und zwar mehr, als sie
selbst für die Atmung benötigt. Und von diesem Sauer-
stoffüberschuß atmen Tiere und Menschen. Schließlich
vermag die Pflanze auch die Ausscheidungsprodukte
und Leichen anderer Lebewesen zu verwerten und dem
großen Kreislauf der Stoffe wieder zuzuführen.

Jede Störung dieses Kreislaufs der Stoffe, des Gleich-
gewichts im Zusammenleben tierischer und pflanzlicher
Wesen, zeitigt schlimme Folgen. Schon manchen,

gleichviel ob Kind oder Erwachsenen, kam die Versuchung an, nur noch diesen einen schönen Fisch in den Behälter gleiten zu lassen, der ohnehin schon bis an die Grenzen der Leistungsfähigkeit seiner grünen Pflanzen mit Tieren besetzt war. Und gerade an diesem einen Fisch kann die so sorgsam gehütete und geliebte Welt des Aquariums zugrunde gehen. Denn sind zuviel Tiere darin, entsteht Sauerstoffmangel. Dem erliegt bald irgendein Organismus, dessen Sterben man vielleicht gar nicht bemerkt. Die faulende Leiche verursacht eine ungeheure Vermehrung der Bakterien im Aquarium, das Wasser wird trüb, sein Sauerstoffgehalt nimmt dadurch weiter stark ab, daran sterben weitere Tiere, und in lawinenartigem Anschwellen greift die Vernichtung um sich, schließlich fault auch die Vegetation – und was man vor wenigen Tagen als reizenden klaren See mit üppig wuchernden Pflanzen und munteren Tieren verlassen hatte, findet man als häßliche, stinkende Brühe wieder.

Der fortgeschrittene Aquarienliebhaber begegnet solchen Gefahren durch künstliche Durchlüftung des Wassers. Diese technischen Hilfsmittel jedoch mindern eigentlich schon den Reiz des Aquariums, der ja gerade darin besteht, daß sich die kleine Wasserwelt selbst zu erhalten vermag und außer der Tierfütterung und der Reinigung der Vorderscheibe des Behälters keine biologische Pflegehilfe braucht. Herrscht nämlich das richtige Gleichgewicht, bedarf das Aquarium keiner Reinhaltung! Verzichtet man auf größere Fische, vor allem auf solche, die im Bodengrund wühlen, so schadet es gar nichts, daß aus den Exkrementen der Tiere und aus absterbenden Pflanzenteilen allmählich eine Schlammschicht entsteht. Die ist sogar erwünscht, weil sie den

Boden, der doch ursprünglich steril war, durchdringt und fruchtbar macht. Trotz Schlamm bleibt das Wasser selbst so kristallklar und geruchlos wie in irgendeinem unserer Alpenseen.

Biologisch sinnvoll und auch am schönsten richtet man ein Aquarium im Frühling ein und besetzt es mit nur wenigen Pflanzensprößlingen. Denn nur die so gewachsenen Pflanzen passen sich den besonderen Bedingungen gerade dieses Beckens an und dauern; hingegen verlieren alle Vegetationsteile, die man schon sozusagen fertig ins Aquarium setzt, viel von ihrer Schönheit. Zwei auch nur spannenweit voneinander entfernt aufgestellte Aquarien sind nämlich ebenso scharf charakterisierte Individualitäten wie zwei Seen, die viele Wegstunden trennen. Gerade das ist ja das Wunderbare an einem neuen Aquarium, daß man bei seiner Einrichtung gar nicht weiß, wie es sich entwickeln und wie es aussehen wird, hat es erst einmal sein eigenes, individuelles Gleichgewicht erreicht. Gesetzt, man richtete zur gleichen Zeit und mit den gleichen Materialien drei Becken ein, die nebeneinander auf demselben Brett stünden, bepflanzte alle drei mit Wasserpest (Elodea) und Tausendblatt (Myriophyllum) – im ersten etwa wucherte bald eine dichte Dschungel aus Wasserpest, die zarten Myriophyllen wären völlig verdrängt, im zweiten geschähe ähnliches der Wasserpest, im dritten vertrügen sich beide Arten, und es entstünde, scheinbar aus dem Nichts, eine reizende Vegetation der zierlich und armleuchterartig verzweigten Grünalge Nitella flexilis. So verschieden nähmen sich die drei Becken aus; sie hätten auch ganz verschiedene biologische Eigenschaften, wären verschiedenen Tieren verschieden günstig, kurz, obschon unter gleichen Voraussetzungen angelegt, hätte doch jedes Becken seine eigene Welt entwickelt.

Es bedarf eines gewissen Taktgefühls und der Selbstbeherrschung, einem Aquarium »seinen Willen zu lassen«; sogar wohlgemeinte Eingriffe des Pflegers können da viel vernichten. Natürlich läßt sich auch ein »schönes« Becken einrichten, mit künstlichem Nährboden und willkürlich verteilten Pflanzen; ein Filter wird jede Schlammbildung verhindern und künstliche Durchlüftung erlaubt es, mehr Fische zu halten, als es ohne solche Hilfen möglich wäre. Die Pflanzen sind dann eben nur Zierat, da die Tiere ihrer gar nicht bedürften, sie hätten an der künstlichen Sauerstoffzufuhr genügend, um leben zu können.

Über den Geschmack läßt sich streiten. Ich jedenfalls verstehe unter einem Aquarium eine Lebensgemeinschaft, die sich *selbst* im biologischen Gleichgewicht erhält. Das andere ist ein »Stall«, nämlich ein künstlich gereinigter, hygienisch einwandfreier Behälter, der nicht Selbstzweck ist, sondern nur Mittel zur Haltung bestimmter Tiere.

Viel Erfahrung und biologisches Fingerspitzengefühl ermöglichen es jedoch schon bis zu einem gewissen Grade den allgemeinen Charakter der Lebewelt zu bestimmen, die sich in einem Aquarium entwickeln soll, sofern man nämlich Bodengrund, Standort des Beckens, Wärme- und Lichtverhältnisse und schließlich die tierische Bewohnerschaft klug wählt. Das ist die höchste Kunst der Aquarienpflege. Einer ihrer Meister war mein tragisch verstorbener Freund Bernhard Hellmann. Mit einem seiner Aquarien war ihm eine besonders treffliche Kopie eines ganz bestimmten natürlichen Lebensraums,

nämlich des Altausseer Sees gelungen: Das Becken war
groß, sehr hoch, kühl und nicht zu nahe ans Licht ge-
rückt, die Vegetation in kristallklarem Wasser bestand aus
glasig lichtgrünen Laichkrautarten, den steinigen Boden
bewuchsen dunkles Quellmoos (Fontinalis) und die zier-
liche Armleuchterpflanze (Chara). An größeren Tieren
waren nur einige winzige Forellen, Ellritzen und ein
kleiner Flußkrebs eingesetzt, also nicht viel mehr, als der
Bevölkerungsdichte in freiem Gewässer entspricht. Darauf nämlich muß man sorgfältig achten, will man emp-
findlichere Wassertiere auf die Dauer halten und auch
zur Fortpflanzung bringen. Die meisten fremdländi-
schen Zierfische, die man in den Aquarien unserer Liebhaber zu sehen bekommt, erleichtern uns diese Aufgabe
insofern, als sie ja auch in freier Natur Bewohner kleiner,
nicht allzu sauberer Tümpel sind. Denn der kleine Tro-
pentümpel, dessen Wasser Jahr für Jahr gleichmäßig
warm und stark besonnt ist, läßt sich mit einem billigen
elektrischen Heizgerät an jedem Südfenster leicht »ko-
pieren«, jedenfalls leichter als irgendein Typus unserer
heimischen Gewässer. Deshalb, und nur deshalb, sind
Fische unserer Seen und Bäche unvergleichlich schwieri-
ger zu halten und zu züchten als viele Tropenfische. Man
wird jetzt auch verstehen, warum ich riet, fürs erste Tiere
mit dem beschriebenen rituellen Käscher aus dem nächsten Tümpel zu holen. Ich habe Hunderte Aquarien gepflegt, aber das gewöhnlichste, billigste und sozusagen
banalste Tümpel-Aquarium hat immer meine Liebe in
besonderem Maße besessen, da seine Wände die natürlichste und vollkommenste Lebensgemeinschaft umschließen. Und man kann stundenlang davor sitzen und
sich in Gedanken verlieren, in krausen und klugen, wie

man den Flammen des Kaminfeuers nachsinnt oder dem eilenden Wasser eines Baches. Und man lernt sogar dabei. Würfe ich in die eine Schale einer Waage alles, was mir in solchen Stunden der Meditation vor dem Aquarium an Einsicht zuwuchs, und in die andere, was ich aus Büchern gewann – wie hoch schnellte diese empor!

Zwei Raubtiere im Aquarium

Furchtbare Raubtiere gibt es in der Welt des Tümpels, die Grausamkeit eines unerbittlichen Kampfes ums Dasein spielt sich da vor unseren Augen ab. Hat man einen gemischten Käscherfang, der nur nicht zuviele Tiere enthalten darf, in das Aquarium gesetzt, wird man sogleich eine Probe dieses Kampfes zu sehen bekommen; denn wahrscheinlich ist unter den angesiedelten Tieren auch eine Larve eines Wasserkäfers, des Gelbrandes (Dytiscus). Gemessen an der verhältnismäßigen Größe der Beutetiere, an der Freßgier und dem Raffinement der Tötungsmethode verblassen neben diesem Tiere so berüchtigte Räuber wie Tiger, Löwen, Wölfe, Mörderwale, Haie und Raubwespen. Sie alle sind wahre Lämmer gegen die Dytiscuslarve.

Sie ist ein schlankes, stromlinienförmiges Insekt, etwa sechs Zentimeter lang; die breiten Borstenruder an den sechs Beinen ermöglichen im Wasser eine rasche und sichere Bewegung. Der breite, flache Kopf trägt ein gewaltiges Paar zangenförmige Kiefer; die sind hohl und dienen als Gift-Injektionsspritzen sowie gleichzeitig auch zum Aufsaugen der Nahrung. Das Tier sitzt ruhig lauernd an Wasserpflanzen; plötzlich schießt es mit raschem Vorstoß an seine Beute heran, und zwar unter sie, blitzschnell zuckt der Kopf empor, so daß das Opfer in die Zange gerät. »Beute« aber ist diesem Räuber alles, was sich bewegt oder einigermaßen »nach Tier riecht«. Es ist mir wiederholt passiert, daß ich, ruhig im Wasser eines Tümpels stehend, von einer Dytiscuslarve »gefressen« wurde; auch für den Menschen ist die Injektion des giftigen Verdauungssaftes ungemein schmerzhaft.

Diese Käferlarven gehören nämlich zu den wenigen Tieren, die sozusagen »außer Hause« verdauen. Das Drüsensekret, das sie durch ihre hohlen Zangen in das Beutetier einspritzen, löst dessen gesamte Innereien in eine flüssige Suppe auf, die dann durch denselben Kanal in den Magen wandert. Selbst große Beutetiere, wie dicke Kaulquappen und Libellenlarven, die von einer Dytiscuslarve gebissen werden, erstarren nach wenigen Abwehrbewegungen, ihr Inneres, das bei den meisten Wassertieren mehr oder weniger durchsichtig ist, wird trübe, wie in Formalin fixiert, das Tier quillt auf, scheint zuerst größer zu werden und schrumpft dann allmählich zu einem schlaffen Hautsack, der in der tödlichen Zange hängt, zusammen und wird schließlich fallen gelassen.

Im engen Raum des Aquariums fressen einige große Dytiscuslarven innerhalb weniger Tage alles Lebende, das größer als etwa einen halben Zentimeter ist, restlos auf. Und dann? Dann fressen sie einander, wenn sie es nicht schon vorher getan haben; und zwar kommt es dabei durchaus nicht darauf an, wer größer und stärker ist, sondern wer zuerst zufaßt. Ich habe es oft erlebt, daß zwei annähernd gleich große Larven gleichzeitig einander schnappten und beide den raschen Tod der inneren Auflösung starben. Es gibt nur sehr wenige Tiere, die in höchster Not, in der Gefahr zu verhungern, gleichgroße Artgenossen anfallen, in der Absicht, sie zu fressen. Sicher weiß ich dies nur von Wanderratten und einigen verwandten Nagern; daß Wölfe ein Gleiches tun, bezweifle ich auf Grund einiger vielsagender Tatsachen, von denen später die Rede sein wird. Dytiscuslarven aber fressen gleichgroße Artgenossen auch dann, wenn genug andere Nahrung vorhanden ist. Und das tut, soviel ich weiß, kein anderes Tier.

Ein etwas weniger brutales, eleganteres und auch schöneres Raubtier ist die Larve der großen Libelle Aeschna, der prachtvoll blau und gelb gezeichneten sogenannten Teufelsnadel. Das erwachsene Insekt ist ein herrlicher Flieger, ein Falke unter den Insekten. Schüttet man einen Tümpelfang, um die allzu bösen Raubtiere entfernen zu können, in eine Waschschüssel, findet man gelegentlich große, ebenfalls stromlinienförmige Larven, deren merkwürdige Art, sich fortzubewegen, sogleich auffällt. Die schlanken, meist grün und gelb gezeichneten Torpedos schießen mit dicht angelegten Beinen rasch und stoßweise dahin; es bleibt zunächst rätselhaft, womit sie sich eigentlich bewegen. Beobachtet man sie gesondert, in einem flachen Schälchen, so sieht man, daß diese Larven – Raketenfahrzeuge sind. Aus der Spitze ihres Hinterleibes nämlich ergießt sich ein scharfer kleiner Wasserstrahl, der das Tier durch den Rückstoß schnell vorwärtstreibt. Der Endabschnitt des Darmes bildet eine hohle Blase, die innen reichlich mit Tracheenkiemen versehen ist und in sinnvoller Kombination der Atmung und der Fortbewegung gleichzeitig dient.

Die Aeschnalarven jagen nie schwimmend, sondern sie sind, in viel höherem Maße noch als die Dytiscuslarven, Lauer-Tiere: Kommt Beute in ihr Gesichtsfeld, wird sie fixiert; die Larve dreht Kopf und Körper ganz langsam in die betreffende Richtung und folgt den Bewegungen des Beutetiers. Dieses Fixieren des Opfers ist nur noch bei sehr wenigen anderen wirbellosen Tieren zu beobachten. Im Gegensatz zu Käferlarven sehen

Aeschnalarven auch sehr langsame Bewegungen, wie das Kriechen der Schnecken, die daher häufig den Libellenlarven und nur selten den Käferlarven zum Opfer fallen. Langsam, sehr langsam, Schritt für Schritt, schleicht die Aeschnalarve an die Beute heran, noch ist sie drei bis vier Zentimeter von ihr entfernt, da, plötzlich – was war das? – hat sie das zappelnde Opfer zwischen den Kiefern. Mangels Zeitlupenaugen war nur zu sehen, daß etwas Zungenartiges vom Kopf der Larve zur Beute hinschnellte und sie in den Bereich der gierigen Kiefer riß. Hat man je vorher ein Chamäleon fressen sehen, wird man sich sofort des Vor- und Zurückschnellens seiner klebrigen Zunge entsinnen. Nur ist der »Bumerang« der Aeschna nicht eine Zunge, sondern die umgebildete Unterlippe, die aus zwei beweglichen Gliedern und einer Greifzange besteht.

Schon durch das Fixieren der Beute wirken Libellenlarven eigentümlich »intelligent«; dieser Eindruck verstärkt sich, betrachtet man einige andere Besonderheiten ihres Verhaltens. Im Gegensatz zu den blindwütigen Gelbrandlarven lassen sie nämlich Tiere jenseits einer ganz bestimmten Größe selbst dann unbehelligt, wenn sie wochenlang gehungert haben. Ich habe Aeschnalarven monatelang in einem Becken zusammen mit Fischen gehalten und nie erlebt, daß sie einen Fisch, der größer war als sie selbst, angefallen oder beschädigt hätten. Merkwürdig ist, daß die Tiere niemals nach einem Beutetier schnappen, das von einem Artgenossen gefangen wurde und sich nun zwischen dessen malmenden Kiefern langsam hin und her bewegt, dagegen ein Stück frisches Fleisch, das ich am gläsernen Futterstäbchen vor ihren Augen in ähnlicher Weise bewegte, sofort nahmen.

In meinem großen Barsch-Aquarium wachsen stets
einige Aeschnalarven heran; ihre Entwicklung dauert
lang, mehr als ein Jahr. An einem schönen Sommertag
kommt dann der große Augenblick: Die Larve klettert
langsam an einem Pflanzenstengel empor und aus dem
Wasser; dort sitzt sie längere Zeit still, und dann platzt,
wie bei jeder Häutung, die Außenhaut über dem Rük-
kenteil der Brustsegmente auf, und das wundervolle,
fertige Insekt entwindet sich langsam der Larvenhülle.
Es dauert hernach noch mehrere Stunden bis die Flügel
ihre volle Größe erreicht haben und erhärtet sind; ein
wunderbarer Vorgang, wie eine rasch erhärtende Flüssigkeit unter großem Druck in das feine Geäst der Flü-
geladern gepumpt wird. Dann öffnest du das Fenster
und wünschest deinem Aquariengast viel Glück und
Erfolg in seinem Insektenleben.

Fischblut

Merkwürdig, welchen blinden Glauben Sprichwort-
weisheiten finden! Auch wenn das, was sie sagen, falsch
oder irreführend ist: Der Fuchs ist nicht schlauer als
andere Raubtiere, viel dümmer als Wolf und Hund; die
Taube ist beileibe nicht sanft; und über den Fisch verbreitet das Gerede überhaupt nur Unwahrheit: Er ist
weder so »fischblütig«, wie man von langweiligen Leu-
ten sagt, noch so verläßlich gesund, wie die Wendung
vom »Fisch im Wasser« ausdrücken will.

Tatsächlich gibt es keine einzige Tiergruppe, die schon
in der freien Natur so sehr von ansteckenden Krankhei-
ten geplagt ist wie die Fische. Ich habe noch nie gesehen,
daß ein eben gefangener Vogel, eine Echse oder ein
Säugetier eine ansteckende Krankheit in meinen Tierbe-
stand eingeschleppt hätten; dagegen muß jeder Fisch
vorerst ins Quarantäne-Aquarium. Sonst ist hundert gegen eins zu wetten, daß in kürzester Zeit die gefürchteten
weißen Pünktchen, die Zeichen der Infektion mit dem
Parasiten Ichthyphtirius, an den Flossen der alteingeses-
senen Aquarienbewohner auftreten.

Und wiederum entgegen einem bekannten Schlager
weiß man von keinen Tieren so Genaues über das Küs-
sen wie von manchen Fischen. Ich kenne viele Tiere und
ihr Verhalten in den intimsten Situationen ihres Lebens,
in der wilden Ekstase des Kampfes und der Liebe – aber
ich wüßte kein Tier, den wilden Kanarienvogel ausgenommen, das an Heißblütigkeit und Temperament ein
brünstiges Stichlingsmännchen, einen Siamesischen

Kampffisch oder einen der brutpflegenden Buntbarsche (Cichlidae) überträfe. Kein Tier wird von der Liebe so völlig verwandelt, keines erglüht in einem so buchstäblichen Sinn aus Leidenschaft wie ein Stichling oder ein Kampffisch. Wer vermöchte mit Worten, wer als Maler mit Farben wiederzugeben: jenes glühende Rot, das die Seiten des Stichlingsmannes gläsern und durchsichtig macht, das irisierende Grünblau des Rückens, dessen Farbe und Leuchtkraft nur mit gewissen Geißler-Röhren verglichen werden kann, oder endlich jenes knallende Smaragdgrün des Auges? Nach den Regeln des malerischen Geschmackes müßten sich diese Farben fürchterlich »schlagen«, und doch, welche Symphonie ergeben sie, die die Hand des Großen Meisters aneinandertat.

Beim Kampffisch ist diese Farbenpracht nicht dauernd vorhanden. Der kleine braungraue Fisch, der in einer Ecke des Aquariums liegt, die Flossen zusammengelegt, verrät noch nichts davon. Erst wenn ein anderer, nicht minder unscheinbar fürs erste, sich ihm nähert und beide einander erblicken, dann glüht sie auf, die ganze unglaubliche Pracht, und zwar fast ebenso schnell, wie elektrischer Heizdraht sich rötet, ist der Stromkreis geschlossen. Die Flossen entfalten sich zu ornamentalen Gebilden, so plötzlich, daß man ein Geräusch dabei zu hören erwartet, als spannte man hastig einen Schirm auf.

Und nun folgt ein Tanz glühender Leidenschaft, ein Tanz, der nicht Spiel, sondern tiefster Ernst ist, ein Tanz um Sein oder Nichtsein, Werden oder Vergehen. Denn ob er zum Liebesreigen wird und zur Begattung führt, oder aber ob er sich in ebenso fließendem Übergang zum blutigen Kampf entwickelt, das steht am Beginn merkwürdigerweise noch nicht fest. Kampffische *erkennen* nämlich das Geschlecht eines Artgenossen nicht dadurch, daß sie ihn einfach ansehen, sondern sie *erfahren* es erst aus der Art und Weise, in welcher der Partner auf die streng »ritualisierten«, ererbten Instinktbewegungen des Tänzers antwortet.

Das Zusammentreffen zweier einander unbekannter Kampffische beginnt mit dem sogenannten »Imponiergehaben«, einer prahlenden Selbstdarstellung, in der jeder leuchtende Farbfleck und jeder irisierende Strahl der herrlichen Flossen zu höchster Wirkung gebracht wird. Vor dem Prunk eines Männchens streicht dann das bescheidener ausgestattete Weibchen rasch die Flagge, in genauem Wortsinn zu verstehen, indem es nämlich die Flossen zusammenlegt und, wenn es paarungsunwillig ist, sofort flieht. Ist es jedoch paarungswillig, nähert es sich dem Männchen in eigenartiger, weicher, »schüchterner« Weise, in einer Körperhaltung also, die das genaue Gegenteil der Prahlstellung ist. Und nun entwickelt sich ein Liebesreigen, der durch die graziöse Zartheit der Bewegungen das wettmacht, worin er der Pracht des Kriegstanzes zweier Männchen nachsteht.

Treffen jedoch zwei Männchen aufeinander, so kommt es zu wahren Orgien gegenseitigen Anprahlens; sie sind das ästhetisch Schönste, was ein Aquarium zu bieten hat. Jede einzelne Bewegung folgt genau festgelegten Gesetzen und hat bestimmte »symbolische« Bedeutungen, ähnlich denen der Gesten in den rituellen Tänzen etwa der Siamesen und Indonesier. Auffallend ähnlich sind bei Tier und Mensch der Stil und die exotische Grazie der beherrschten Leidenschaft. Man sieht es den einzelnen Bewegungen gewissermaßen an, daß sie eine lange historische Entwicklung hinter sich haben und daß sie ihre besondere, fein ausgearbeitete Form einer uralten Ritualisierung verdanken. Nicht ohne weiteres jedoch sieht man, daß diese Ritualisierung beim Menschen das Ergebnis der geschichtlichen Überlieferung eines Volkes, beim Tier aber das einer stammesgeschichtlichen Entwicklung ererbter, angeborener Bewegungsweisen der *Art* darstellt. Die stammesgeschichtliche Erforschung des Werdeganges solcher »ritualisierten« Bewegungen des Ausdrucks und der Vergleich solcher Zeremonien bei verwandten Arten ist ungemein aufschlußreich. Gerade über die Geschichte dieser Bewegungen wissen wir mehr als über das Werden aller anderen sogenannten »Instinkte«. Aber das steht auf einem anderen Blatt.

Nach diesem Exkurs zurück zum Kriegstanz der Männchen. Dieser hat genau die gleiche Bedeutung, wie das Prahl- und Schimpfduell der homerischen Helden oder alpenländischer Bauern, das auch heute noch gern Wirtshausraufereien einleitet. Man versucht den Gegner einzuschüchtern, sich selbst aber in Erregung und den nötigen Tatenmut hineinzusteigern.

Die lange Dauer des Vorspiels, sein ritueller Charakter und vor allem der große Aufwand an Farbenpracht und Flossenentwicklung, die nur der Einschüchterung und nicht Tätlichkeiten dienen, das alles entbehrt für den Uneingeweihten des bedrohlichen Ernstes. Gerade ihre Schönheit läßt die Kämpfer weniger bösartig erscheinen als sie wirklich sind, man möchte ihnen tödlichen Mut und verbissene Tapferkeit so wenig zutrauen, wie den beinahe weiblich schönen Malayenmännern; und dennoch verstehen beide bis aufs Blut zu kämpfen. Tatsächlich führen nämlich die Kämpfe der Kampffische sehr häufig zum Tode eines Gegners. Ist einmal die Erregung so gestiegen, daß der erste Dolchstoß erfolgt, dauert es nur mehr Minuten bis breite Risse in den Flossen klaffen, und wiederum bloß nach Minuten sind sie zu schmalen Streifen zerfetzt. Die Angriffsweise des Kampffisches, wie die nahezu aller wehrhaften Fische, ist tatsächlich der Dolchstoß, nicht etwa der Biß. Der Fisch öffnet die Kiefer so weit, daß sämtliche Zähne nach vorne starren und in dieser Stellung stößt er sie mit der ganzen erstaunlichen Kraft seines muskulösen Körpers dem Gegner in die Seite. Der Stoß des nur wenige Zentimeter großen Kampffisches ist so stark und hart, daß er ein deutlich hörbares Geräusch erzeugt, trifft er einmal versehentlich auf die Scheibe des Beckens.

Das Prahlen kann halbe und selbst ganze Stunden dauern; sind aber einmal die Tätlichkeiten ausgebrochen, währt es oft nur Minuten, bis einer der Streitenden tödlich verwundet auf dem Boden liegt.

Grundverschieden von den Kämpfen der siamesischen Kampffische sind die unserer europäischen Stichlinge. Im Gegensatz zum Kampffisch erglüht der brünstige Stichling nicht nur, wenn er einen Gegner oder eine Dame sieht, sondern er glüht, solange er sich in der Nähe seiner erwählten Niststelle befindet. Das Grundmotiv seines Kämpfens ist: »My home is my castle«. Nimmt man dem Stichling sein Nest, holt man ihn etwa aus seinem heimatlichen Becken und setzt ihn zu einem anderen Stichlingsmännchen, so denkt er nicht daran zu kämpfen, sondern wird ganz klein und häßlich. Es wäre unmöglich, Stichlinge für Schaukämpfe zu verwenden, wie das die Siamesen mit Kampffischen seit Jahrhunderten tun. Erst wenn er sein Heim gefunden hat, ist der Stichling imstande, physisch in volle Brunst und hohe geschlechtliche Erregung zu kommen; ein ernstlicher Stichlingskampf ist nur zu sehen, wenn man Stichlinge in einem großen Becken hält, in dem zwei Männchen ihre Nester bauen. Die Kampfeslust eines Stichlings steht nämlich in jedem Augenblick in genau umgekehrtem Verhältnis zu seiner jeweiligen Entfernung von seinem Nestort. Am Neste selbst ist er ein Berserker, der sogar die menschliche Hand todesmutig rammt. Je weiter er sich aber während des Schwimmens von seinem Hauptquartier entfernt, desto schwächer wird seine Angriffslust. Treffen zwei Stichlingsmännchen zusammen, kann man demnach nahezu sicher voraussagen, wie der Kampf enden wird: Es flieht derjenige, der am weitesten von zu Hause weg ist. In unmittelbarer Nähe seines Nestes schlägt der Kleinste den Größten, die relative Kampfesstärke des einzelnen drückt sich nur in der Größe des Territoriums aus, das er von Rivalen freizuhalten vermag. Der Geschlagene flieht also selbstverständlich heimwärts; dem Sieger ist, ebenso verständlicherweise, der Kamm geschwollen, und er verfolgt wütend den anderen. Dabei gerät er immer weiter von seinem Hauptquartier ab, und sein Mut sinkt daher im gleichen Maße, wie der des Besiegten, des Fliehenden, wiederum steigt. In der Nähe seines Nestes angelangt, gewinnt der eben noch Mutlose neue Kraft, macht plötzlich kehrt und stürzt sich in rasender Wut auf seinen Verfolger. Es entspinnt sich ein neuer Kampf; der endet absolut sicher mit dem Siege des vorher Besiegten, und die Jagd geht den gleichen Weg zurück.

Der ganze Vorgang wiederholt sich nun etliche Male,

die gegenseitige Verfolgung pendelt zwischen den beiden Territorien hin und her, die Ausschläge des Pendels werden kleiner, bis sie schließlich an einer ziemlich konstant bleibenden »Grenze« zum Stillstand kommen. Beide Kämpen stehen einander in Drohstellung gegenüber wie verkehrte Stehaufmännchen, Kopf nach unten, Schwanz nach oben. Dabei kehren sie einander die Breitseite zu, richten den Bauchstachel an der dem Gegner zugewandten Seite drohend auf und vollführen eigenartige, nach unten stoßende Bewegungen, die aussehen, als wollten die Tiere vom Boden Nahrung aufnehmen, die aber in Wirklichkeit eine »Ritualisierung« jener Bewegung sind, mit der sie die Nesthöhle graben. Man kann diese Bewegungen immer dann beobachten, wenn es die Fische nicht mehr wagen, tätlich zu werden.

Anders als die Kampffische drohen die Stichlinge vor Beginn der Auseinandersetzung nicht, vielmehr folgen sofort Rammstoß und Gegenstoß derart schnell aufeinander, daß das Auge des Beobachters kaum zu folgen vermag. Der große Bauchstachel, der so bedrohlich aussieht, spielt dabei eine untergeordnete Rolle; und doch sieht das wilde »Handgemenge« der Stichlinge viel gefährlicher aus als der zeremonielle Kriegstanz der Kampffische. Während aber diesen schon nach den ersten Rammstößen tiefe Risse in den Flossen klaffen, tragen jene keine Verletzung davon, die man mit freiem Auge sehen könnte. Wenn noch im neuen ›Brehm‹ zu lesen ist: »Die Stacheln werden mit solchem Nachdruck gebraucht, daß oft einer der Kämpfer durchbohrt tot zu Boden sinkt ...«, so zeigt dies nur, daß der Schreiber nie versucht hat, einen Stichling zu »durchbohren«. Denn ein Stichling entgleitet selbst noch unter dem scharfen

Skalpell einige Male, ehe man seine harte Haut zu durchtrennen vermag; auch dort, wo er nicht gepanzert ist. Man lege einen toten Stichling auf eine weiche Unterlage (die immer noch ein gediegenerer Widerhalt ist als Wasser), nehme eine scharfe Nähnadel (die zehnmal schärfer ist als der Stachel eines Stichlings) und versuche, das Tier aufzuspießen! Man wird sich wundern. Natürlich quält in engem Raum ein stärkerer Stichlingsmann einen schwächeren schließlich zu Tode, indem er ihn hetzt und jagt, ihm die Flossen zerfetzt und die Oberhaut abschindet, aber Entsprechendes bringen Kaninchen oder Turteltäubchen auch fertig.

So verschieden wie in Zorn und Kampf sind die beiden temperamentvollsten Fische auch in der Liebe. Und doch haben sie manches gemeinsam. So übernimmt bei beiden das Männchen, nicht das Weibchen, den Bau des Nestes und die Sorge für die Brut. Und bei beiden denkt der zukünftige Familienvater nicht an Liebe, ehe nicht die Wiege für die zu erwartenden Kindchen fertig ist. Hier aber enden die Ähnlichkeiten, und die Gegensätze beginnen. Die Wiege der Stichlinge liegt sozusagen unter dem Fußboden, die des Kampffisches über der Zimmerdecke, das heißt, jener gräbt eine Grube in den Bodengrund des Gewässers, dieser baut sie an, ja sogar auf der Oberfläche des Wassers; der eine verwendet zum Bau Pflanzenfasern und Nierensekret, der andere Luft und Spucke; jawohl, das Luftschloß des Kampffisches, wie auch das seiner näheren Verwandten, besteht aus einem kleinen, die Oberfläche etwas überragenden Häufchen eng aneinander haftender Luftblasen, die mit zähem Speichel überzogen und sehr haltbar sind. Schon während es baut, strahlt das Männchen in den herrlichsten

Farben, aber diese gewinnen noch an Tiefe und Leucht-kraft, wenn sich ein Weibchen nähert. Blitzschnell schießt der Mann auf sie zu und bleibt erglühend stehen. Ist die Dame bereit, dem Rufe der Natur zu folgen, gibt sie dies dadurch zu erkennen, daß sie eine ganz bestimm-te Färbung mit unregelmäßigen hellen Querstreifen an-nimmt. Die Flossen eng zusammengelegt, schwimmt sie langsam auf das Männchen zu, das zitternd alle Flossen bis zum Zerreißen spreizt und sich stets so stellt, daß es der Umworbenen den prächtigen Anblick seiner vollen Breitseite bietet. Im nächsten Augenblick aber schwimmt es mit einer weit ausholenden, ungemein gra-ziösen Schlängelbewegung in der Richtung nach dem Nest davon. Der Aufforderungscharakter dieser Geste leuchtet sofort ein, auch wenn man sie zum ersten Male sieht. Desgleichen ist das Wesen der »Ritualisierung« dieser Schwimmbewegung ohne weiteres zu verstehen: Alles, was zu ihrer *optischen* Wirksamkeit beitragen kann, ist mimisch übertrieben, wie das Schlängeln des Körpers oder das Wehen der Schwanzflosse. Dagegen ist alles, was sie mechanisch wirksam macht, herabgemin-dert. Denn die Bewegung sagt: »Ich schwimme dir da-von, beeile dich, mir zu folgen«; dabei schwimmt der Fisch weder weit, noch schnell und kehr auch sogleich wiederum zum Weibchen zurück, das ihm nur zögernd und schüchtern folgt.

So wird das Weibchen schließlich unter das Schaum-nest gelockt. Und nun folgt der wundervolle Liebesrei-gen, den alpenländische Zierfischliebhaber als den »Schuhplattler« bezeichnet haben, zweifellos eine Ge-schmacklosigkeit; denn der Reigen gleicht an zarter Gra-zie einem Menuett, im allgemeinen Stil aber dem Trance-

Tanz einer balinesischen Tempeltänzerin. Nach uraltem Gesetz muß bei diesem Liebestanz der Herr seiner Dame immer die prächtige Breitseite zukehren, die Dame aber muß dauernd im rechten Winkel zu ihm stehen. Der Herr darf seinerseits ihre Flanke nicht einen Augenblick zu sehen bekommen, sonst wird er sofort böse und unritterlich grob, denn breitseitsstehen heißt bei diesen Fischen, wie auch bei vielen anderen, kampfbereite Männlichkeit und löst daher in jedem Männchen augenblicklich einen jähen Stimmungsumschwung aus: Die höchste Liebe verkehrt sich in wildesten Zorn.

Da nun das Männchen vom Neste nicht fort will, bewegt es sich im Kreise um das Weibchen, und da dieses jeder Bewegung des Männchens folgt, indem es ihm stets die Vorderseite zugewandt hält, schlingt sich der Reigen in engem Kreise, genau unter dem Mittelpunkt des Schaumnestes.

Immer glühender werden die Farben, immer erregter die Bewegungen, immer enger die Kreise, bis die Körper einander berühren. Dann umschlingt plötzlich das Männchen das Weibchen fest mit dem Körper, dreht es sanft auf den Rücken und zitternd vollziehen beide den großen Akt der Zeugung: Beide entleeren gleichzeitig Eier und Samen.

Das Weibchen bleibt nach der Begattung mehrere Sekunden lang wie benommen auf dem Rücken liegen, das Männchen aber hat schon im nächsten Augenblick Wichtiges zu tun.

Die winzigen, glasklaren Eier sind nämlich beträchtlich schwerer als Wasser und sinken daher sofort in die Tiefe. Da ist denn die Begattungsstellung so weise eingerichtet, daß die absinkenden Eier am abwärtsgerichteten

Kopfe des Männchens vorüber müssen; und der junge Vater nimmt sich ihrer auch sofort an. Er löst sanft seine Umschlingung, gleitet nieder, den Eiern nach, sammelt gewissenhaft eines nach dem anderen mit dem Maule auf, trägt sie sogleich ins Schaumnest und verstaut sie zwischen den Luftbläschen. Es ist sehr notwendig, daß er sich sputet. Denn nicht nur, daß er die durchsichtigen Glaskügelchen im Schlamm des Bodens gar nicht mehr fände, ließe er sich auch nur eine Sekunde mehr Zeit, das Weibchen würde inzwischen erwachen und ebenfalls den Eiern nachschwimmen und eines nach dem anderen einsammeln. Aha, denkst du, die Gute will dem Gemahl helfen, gleich wird sie wieder nach oben schwimmen und die Eier im Nestchen verpacken. Aber du würdest vergeblich warten: denn *diese* Eier wären weg, unwiederbringlich geschluckt und gefressen.

Der Mann weiß also genau, weshalb er sich so beeilt, er weiß auch, weshalb er das Weibchen nicht mehr in der Nähe des Nestes duldet, wenn es nach zehn bis zwanzig Paarungen seinen gesamten Eiervorrat losgeworden ist.

Anders ist das Zeremoniell der ritterlichen Buntbarsche oder Cichliden. Hier sorgen beide Geschlechter gemeinsam für die Nachkommenschaft, die in geschlossener Schar den Eltern folgt, wie Küken einer Glucke. Zum ersten Male in der aufsteigenden Reihe der Lebewesen sehen wir an den Buntbarschen ein Verhalten, das die Menschen sich meist als sehr verdienstvoll und moralisch anrechnen: Mann und Weib bleiben, nachdem das große Werk der Zeugung glücklich vollbracht ist, auch weiterhin in enger Gemeinschaft beisammen; und zwar nicht nur solange die Brutpflege dies notwendig macht, sondern, und darauf kommt es an, auch noch darüber hinaus. Im allgemeinen bezeichnet man es schon als »Ehe«, wenn beide Geschlechter gemeinsam für die Aufzucht einer Brut sorgen, obwohl in diesem Falle eine wirklich *persönliche* Bindung an den Gatten gar nicht zu bestehen braucht. Bei den Cichliden aber *besteht* sie.

Um objektiv feststellen zu können, ob ein Tier nun seinen Ehegatten persönlich, als Individuum, auch wiedererkennt, ist es nötig, ihn im Experiment durch ein anderes Tier gleichen Geschlechtes zu ersetzen, das sich nachweisbar in genau gleicher Phase des Fortpflanzungszyklus befindet. Ersetze ich nämlich beispielsweise das Weibchen eines brütenden Vogelpärchens durch ein anderes, das schon beim psychophysiologischen Stadium des Jungefütterns hält, so passen seine Instinkthandlungen selbstverständlich nicht zu denen des Männchens. Es setzt notwendigerweise eine schwere Unstimmigkeit, von der man nicht sagen kann, ob der Vogelmann nun wirklich merkt, daß die anwesende Frau nicht seine frühere Gattin ist, oder ob er ihr es nur verübelt, daß sie sich »falsch benimmt«. Natürlich war es mir von größtem theoretischen Interesse zu erfahren, wie sich Cichliden, als die einzigen Fische, die tatsächlich eine Ehe eingehen, in dieser Hinsicht verhalten. Für den Versuch war es zunächst nötig, zwei Pärchen derselben Art zu besitzen, die sich in der gleichen Phase der Fortpflanzung befanden. Diese Bedingung wurde nun im Jahre 1941 von zwei Paaren des herrlichen, großen südamerikanischen Herichthys cyanoguttatus erfüllt, zu deutsch »Blaubetropfter Heldenfisch«. Die Bezeichnung ist treffend: Auf samtschwarzem Grund bilden tief türkisblau irisierende Tropfenflecke ein verschlungenes Mosaik von wahrhaft berückender Schönheit, und ein brütendes

Paar dieser Fische bezeugt auch vor dem größten Gegner einen Heldenmut, der zur Namensgebung zweifellos berechtigt. Meine fünf Jungfische dieser Art waren vorläufig weder blaubetupft noch heldenmütig. Nach einigen Wochen kräftigster Fütterung und gedeihlichen Wachstums in einem sehr großen, sonnigen Aquarium zeigten sich eines Tages an einem der beiden größten Fische die blauen Tupfen und genau gleichzeitig auch der Mut. Der Fisch nahm von der linken vorderen Ecke des Beckens Besitz, hob einige tiefe Nestgruben aus und begann einen großen, glatten Stein zum Ablaichen herzurichten, indem er ihn sorgfältig von Algen und sonstigem Belage reinigte. (Geeignete Steine hatten wir vorher in die Ecken des Beckens gelegt.) Die vier anderen Fische standen, zu einem ängstlichen Häuflein gedrängt, in der rechten oberen und hinteren Raumecke. Schon am nächsten Morgen aber hatte einer von diesen, ein kleinerer, ebenfalls sein Prachtkleid angelegt; der samtschwarze Brustlatz jedoch, der keine blauen Tropfen zeigte, erwies das Tier als ein Weibchen. Der Mann ging sofort daran, seine Holde heimzuholen mit einem Zeremoniell, das dem der Stichlinge und Kampffische eng verwandt ist.

Das Paar stand nun über dem erwähnten Laichstein und den Nestgruben und verteidigte dieses Gebiet erbittert. Die drei übrigen Fische hatten nichts zu lachen, und es spricht für den namen-bestimmenden Heldenmut dieser Tiere, daß sich nach einigen Tagen der zweite große Fisch ermannte und den Besitz der rechten vorderen und unteren Aquarienecke erkämpfte.

Die beiden Männer saßen nun einander gegenüber wie zwei feindliche Raubritter auf ihren Burgen. Die Grenze lag näher an der Burg des zweiten, der erst später in Brunst gekommen war, was begreiflich scheint, wenn man bedenkt, daß er, wagte er sich aus seiner Ecke, zwei Gegner auf dem Halse hatte, wenn auch das Weibchen weniger wütend angriff als das Männchen. Der einsame Mann, wir wollen ihn einfach Nummer Zwei nennen, kam dennoch immer wieder aus seiner Burg hervor ins freie Wasser geschwommen und wollte das Weibchen des Nummer Eins verlocken, ihm zu *seinem* Neste zu folgen. Diese Bemühungen hatten jedoch keinen Erfolg, sie trugen ihm vom Weibchen Nummer Eins nichts als ernstliche Rammstöße in die ungeschützte Flanke ein, wenn er versuchte, sie in Breitseitsstellung anzubalzen. Diese Sachlage blieb mehrere Tage lang unverändert bestehen.

Dann aber schien ein Happy-End mit Doppelhochzeit gegeben, da nun auch ein zweites Weibchen sein Hochzeitskleid anlegte. Indessen erfolgte nichts dergleichen. So wenig nämlich Männchen Nummer Zwei sich um dieses neu in Brunst getretene Weibchen kümmerte, so wenig wollte ihrerseits diese Dame von ihm etwas wissen. Vielmehr versuchte sie immer wieder sich dem Männchen Nummer Eins anzutragen. Jedes Mal, wenn der Mann in der Richtung zu seinem Neste schwamm, folgte ihm Weibchen Nummer Zwei in der Stellung des Weibchens, das zu Neste geführt wird. Sie »fühlte sich zu Neste gelockt«, sowie sich der fremde Mann überhaupt nestwärts bewegte. Seine Gattin schien die Sachlage voll zu verstehen, jedenfalls griff sie die Störerin, sobald sie sich nahte, in höchster Wut an, was das Männchen nur lässig tat. Männchen Zwei und Weibchen Zwei waren füreinander einfach Luft, jedes von ihnen hatte nur Augen für den glücklich verheirateten Geliebten, der sie in keiner Weise beachtete.

Dieser Zustand hätte noch lange gedauert, wenn ich nicht eingegriffen und die beiden Zweier zusammen in ein anderes, jedoch völlig gleiches Aquarium gesetzt hätte. Von ihren vergeblich angebeteten Liebesobjekten getrennt, hatten die beiden alsbald auch füreinander Augen und wurden ein Paar. Nach wenigen Tagen laichten beide Paare genau zur selben Stunde ab. Nun hatte ich, was ich haben wollte, nämlich zwei gleichartige Cichlidenpaare in haargenau gleicher Phase des Fortpflanzungszyklus. Da ich mir die Zucht der damals schon seltenen Fische sehr angelegen sein ließ, wartete ich mit meinem Experiment, bis die Kinder beider Paare so groß waren, daß sie zur Not auch bei einem totalen Ehekrach der Elternpaare hätten aufwachsen können.

Dann vertauschte ich die Weibchen. Das Resultat war zwiespältig und gab keine eindeutige Antwort auf die Frage, ob der Fisch sein Weibchen persönlich kennt; denn die Deutung, die ich für das zu geben habe, was nun folgt, wird manchem kühn erscheinen und bedarf weiterer experimenteller Bestätigung. Männchen Nummer Zwei nahm das zu ihm gesetzte Weibchen Nummer Eins sofort an. Es kam mir aber nicht so vor, als ob er keinen Unterschied bemerke, nein, seine Bewegungen bei der Wacheablöse und jedesmal bei der Begegnung mit dem Weibchen schienen mir an Feuer und Intensität zugenommen zu haben. Das Weibchen seinerseits ging ebenfalls sofort auf die Zeremonien des Männchens ein und fügte sich reibungslos in seine Rolle als Mit-Brutpflegerin. Dies schien mir wenig zu sagen, weil das Herichthys-Weibchen etwa nach Art einer eifrigen Hühnerglucke intensiv auf die Schar der kleinen Jungen konzentriert ist und für das Männchen nur als Familienverteidiger und als zeitweise Dienst-Ablösung Interesse hat.

Ganz anders verliefen die Ereignisse in dem anderen Aquarium, in dem ich Weibchen Nummer Zwei zu dem Männchen Nummer Eins und seinen Kindern gesetzt hatte. Auch hier hatte das Weibchen nur für die Jungen Augen, schwamm sofort zu deren Schwarm, stellte sich über ihn und begann, da es ja selbst durch das Umsetzen beunruhigt worden war, die Kinder nach Art einer ängstlichen Glucke um sich zu sammeln. Genau das hatte Weibchen Nummer Eins im anderen Becken auch getan. Während aber dort Männchen Zwei die Ablösung durch das hinzugesetzte Weibchen mit freundlich-glutvollen Zeremonien entgegengenommen hatte, blieb Männchen Eins mißtrauisch bei dem Schwarm der Jungen stehen, dachte nicht daran, sich als abgelöst zu betrachten und griff im nächsten Augenblick das ahnungslose Weibchen mit einem wütenden Rammstoß in die ungeschützte Flanke an. Sofort tanzten silbrige Schuppen wie Glimmerflocken zu Boden, und ich mußte schleunigst eingreifen und das Weibchen retten, denn binnen wenigen Minuten wäre sie zu Tode geschunden gewesen.

Was war geschehen? Nun, der Fisch, der das *schönere* Weibchen bekommen hatte, dasjenige, um das er schon vorher geworben hatte, war mit dem Tausch zufrieden. Der andere aber, dem ich seine schöne Frau weggenommen und dafür die schon vorher abgelehnte Dame zugeschmuggelt hatte, war, man kann sagen mit Recht, wütend. Bemerkenswert ist ja, daß er sie viel gröber angriff, als er es früher, in Gegenwart seiner rechtmäßigen Frau, getan hatte! Daß das Männchen Nummer Zwei, das eine »Aufbesserung« an Weibchen bekommen hatte, den Unterschied gemerkt hat, glaube ich wohl, möchte es aber nicht beschwören.

Fast noch interessanter und für den Beobachter reizvoller als die Liebesangelegenheiten dieser merkwürdigsten aller Fische ist ihre Obsorge für die Jungen. Der gewissenhafte »Dienst« am Neste, mit Wasser-Zufächeln nach Art des Stichlings, solange die Wiege noch Eier oder Junge enthält, die noch ganz klein sind, die militärisch exakte Ablösung des einen Gatten durch den anderen, und später, wenn die Kinder schwimmfähig geworden sind, das sorgfältige Führen der gehorsam nachfolgenden Kinderschar – das alles sind Bilder, die man nicht vergißt. Am allernettesten aber ist es, wenn schon schwimmfähige Kinder abends schlafen gelegt werden. Jawohl, bis in ein Alter von mehreren Wochen werden die Jungen jeden Abend, sobald es dunkelt, in die Nestgrube, in der sie ihre früheste Jugend verlebten, zurückgebracht. Die Mutter steht über dem Nest und lockt mit ganz bestimmten Bewegungen die Jungen heran. Bei dem schönen roten und mit irisierenden hellblauen Tupfen gezeichneten Juwelenfisch (Hemichromis bimaculatus) spielt hierbei die juwelenreiche Rückenflosse des Weibchens eine besondere Rolle. Sie wird in raschem Tempo auf und nieder bewegt, wobei die blauen Juwelen wie ein Spiegeltelegraph blitzen. Auf dieses Signal kommen die Jungen angeschwommen und versammeln sich unter der lockenden Mutter in der Grube. Der Vater durcheilt inzwischen das ganze Becken und sucht nach etwaigen Nachzüglern. Diese lockt er nicht lange, sondern inhaliert sie einfach in seine Mundhöhle, schwimmt zum Nest und bläst sie in die Grube.

Das so behandelte Kind sinkt sofort zu Boden und bleibt liegen. Durch eine weise reflektorische Einrichtung zieht sich nämlich die Schwimmblase »schlafender« Cichlidenkinder so stark zusammen, daß sie sehr viel schwerer als Wasser werden und wie kleine Steine in der Grube liegen bleiben, ganz so, wie sie als Neugeborene taten, als ihre Schwimmblase noch nicht mit Gas gefüllt war. Dieselbe Reaktion des »Schwerwerdens« wird auch dann ausgelöst, wenn ein Elterntier ein Junges ins Maul nimmt. Ohne diesen Reflexmechanismus wäre es ja für den Vater, der abends Kinder einsammelt, unmöglich, sie zusammenzuhalten.

Gerade während eines solchen Heimtransportes verirrter Kinder sah ich einmal ein Juwelenfischmännchen eine Leistung vollbringen, die mich in Erstaunen versetzte. Ich kam am späteren Nachmittag ins Institut; es dämmerte bereits. Dennoch wollte ich rasch noch einige Fische füttern, die an jenem Tage noch nichts bekommen hatten, darunter ein Paar Juwelenfische, das Junge führte. Als ich ans Becken trat, waren nahezu alle Jungen schon in der Nestgrube, darüber stand die Mutter treue Wache. Sie kam auch nicht mehr zum Futter, als ich Regenwurmstücke in das Becken warf. Wohl aber ließ sich der Vater, der aufgeregt das ganze Aquarium nach verirrten Jungen absuchte, durch ein schönes Regenwurmhinterende (aus unbekannten Gründen wird es von allen Würmerfressern dem vorderen vorgezogen) von seiner Tätigkeit ablenken. Er schwamm heran und packte den Wurm, konnte ihn aber wegen seiner Größe nicht sofort hinunterschlucken. Gerade als er nun mit vollem Munde kaute, sah er ein verlorenes Junges einsam durch das Becken schwimmen. Wie elektrisiert fuhr er auf, jagte dem Kinde nach und nahm es in seine ohnedies schon volle Mundhöhle auf. Das war spannend! Der Fisch hatte zwei verschiedene Dinge im Maul, von denen eines in den Magen, das andere in die Nestgrube sollte. Was würde geschehen? Ich muß sagen, daß ich in diesem Augenblick keine fünf Kreuzer für das Leben jenes Juwelenfischchens gegeben hätte.

Großartig aber, was wirklich geschah! Der Fisch stand starr, mit vollen Backen, aber ohne zu kauen. Wenn ich je einen Fisch nachdenken gesehen habe, so war es damals! Ermißt man, wie merkwürdig es ist, daß ein Fisch in eine echte Konfliktsituation geraten kann und daß sich das Tier darin genau wie ein Mensch verhält, nämlich, nach allen Richtungen blockiert, stehenbleibt und weder vor noch zurück kann?

Viele Sekunden stand der Hemichromisvater wie angemauert, aber man konnte ordentlich sehen, wie es in ihm arbeitete. Und dann löste er den Konflikt in einer Weise, daß man einfach Hochachtung empfinden mußte. Er spie den ganzen Inhalt des Mundes aus, der Wurm fiel zu Boden, das kleine Juwelenfischchen tat, in der beschriebenen Weise schwer werdend, das gleiche. Dann wandte sich der alte Juwelenfisch entschlossen dem Wurm zu und fraß ihn ohne Hast auf – aber mit einem Auge auf das »gehorsam« zu Boden liegende Kind. Als er fertig war, inhalierte es er und trug es heim zu Mama.

Einige Studenten, die das Ganze mitangesehen hatten, begannen wie ein Mann zu applaudieren.

Die zeitlosen Gesellen

Der Frühlingssturm singt im Rauchfang, und die alten Fichten vorm Fenster meines Arbeitszimmers winken aufgeregt mit ihren Armen und rauschen. Und plötzlich schießen von oben her ein Dutzend schwarze, tropfen- oder stromlinienförmige Projektile in das Stück Wolkenhimmel, das im Rahmen meines Fensters steht. Schwer wie Steine fallen sie herab, fallen bis dicht über die Wipfel der Bäume, erhalten unversehens große schwarze Flügel, werden Vögel, leichte Flederwische, die der Sturm packt, emporreißt und aus meinem Gesichtsfeld fegt.

Ich trete ans Fenster, um das einzigartige Spiel zu sehen, das die Dohlen mit dem Sturme spielen.

Spiel? Ja, Spiel im engsten Sinne des Wortes: gekonnte Bewegung, die um ihrer selbst willen, nicht aber im Dienste einer Zweckstrebung ausgeführt und genossen wird. Wohlgemerkt: erlernte Bewegung, nicht instinktmäßig angeborene! Denn gerade das, was die Vögel hier üben, die Ausnutzung des Windes, die exakte Abschätzung der Entfernungen, vor allem aber die Kenntnis der lokalen Windverhältnisse und aller Stellen, an denen bei gerade dieser Windrichtung Aufwinde, Luftlöcher oder Wirbel sind, all dies ist nicht ererbtes Gut, sondern individuell erworbenes.

Und was treiben die Dohlen nicht alles mit dem Winde! Auf den ersten Blick scheint es, als spiele der Wind mit den Vögeln wie die Katze mit der Maus. Aber die Rollen sind vertauscht: Die Vögel spielen mit dem

Sturm. Beinahe, immer nur beinahe, lassen sie dem Sturm seinen Willen, lassen sich vom Aufwind hoch, hoch in den Himmel werfen, sie scheinen dabei nach oben zu fallen – und dann drehen sie sich mit einer lässigen kleinen Bewegung des einen Flügels auf den Rücken, öffnen die Tragflächen für den Bruchteil einer Sekunde von unten her gegen den Wind, stürzen mit einem Vielfachen der freien Fallbeschleunigung nach unten, drehen sich mit einer ebenso winzigen Flügelbewegung wie vorher wieder in die normale Lage zurück und schießen nun mit fast völlig geschlossenen Schwingen in rasender Fahrt gegen den Sturm, der sie nach Osten blasen will, hunderte Meter nach Westen davon. Das kostet die Vögel keine Kraft, der blinde Riese selbst muß die Arbeit leisten, die nötig ist, um den Vogelkörper mit weit mehr als hundert Stundenkilometer Geschwindigkeit durch die Luft zu treiben, die Dohle selbst hat nichts dazu beigetragen, nur zwei oder drei lässige, kaum merkbare Stellungsveränderungen ihrer schwarzen Schwingen. Souveräne Beherrschung roher Gewalt, berauschender Triumph des lebendigen Organismus über die elementaren Kräfte des Anorganischen!

Vierundzwanzig Jahre sind vergangen, seit die erste Dohle so um die Giebel von Altenberg flog, seit ich mein Herz an die Vögel mit den silbernen Augen verlor. Und wie es so häufig mit den großen Lieben unseres Lebens bestellt ist, dachte ich mir gar nichts besonderes dabei, als ich meine erste junge Dohle kennenlernte. Sie saß in Rosalia Bongars Tierhandlung, in der ich seit nunmehr vierzig Jahren Stammkunde bin, in einem ziemlich finsteren Käfig, und wurde für genau vier Schilling mein. Ich kaufte sie nicht aus wissenschaftlichen Erwägungen,

sondern nur, weil mich eben die Lust ankam, den großen, roten, gelb umrandeten Sperr-Rachen des Jungvogels mit gutem Futter zu stopfen. War er erst einmal
selbständig geworden, wollte ich den Vogel wieder
ziehenlassen. Das habe ich dann auch wirklich getan,
aber nicht mit dem erwarteten Erfolg, daß noch heute
die Dohlen unter unserem Dach brüten. Noch nie ist
mir ein Akt des Mitleids mit einem Tiere so gelohnt worden.

Wenige Vögel, ja überhaupt wenige höhere Tiere (die
staatenbildenden Insekten stehen auf einem anderen
Blatt), haben ein so hoch entwickeltes Familien- und
Gesellschaftsleben wie die Dohlen. Deshalb sind auch
nur wenige Tierkinder so rührend hilflos und hängen
dem Pfleger so reizend an wie junge Dohlen.

Als die Kiele ihres Großgefieders verhornt und meine
Dohle voll flugfähig war, zeigte sie eine geradezu kindliche Anhänglichkeit an meine Person. Sie flog mir im
Hause von Zimmer zu Zimmer nach, und mußte ich sie
einmal, notgedrungen, allein lassen, rief sie verzweifelt
ihren Ruf: »Tschok«. Diesen Ruf erhielt sie denn auch
zum Namen. Daraus erwuchs die Tradition, alle einzeln
aufgezogenen Jungvögel nach ihrem Lockruf zu be-
nennen.

Ein Dohlenkind, das mit seiner ganzen jugendlichen
Anhänglichkeit dem Pfleger verbunden ist, bringt natürlich auch dem wissenschaftlichen Interesse viel Gewinn.
Man kann mit dem Vogel ins Freie gehen, kann seinen
Flug, seinen Nahrungserwerb, kurz, alle seine Verhaltensweisen in völlig natürlicher Umgebung, uneingeengt
vom Gitter des Käfigs und doch aus nächster Nähe,
studieren. Ich glaube nicht, daß ich von einem anderen

Tier so viel und so Wesentliches gelernt habe wie im Sommer 1926 von Tschok.

Es lag wohl an meiner Nachahmung des Dohlenrufes, daß Tschok mich sehr bald allen anderen Menschen vorzog. Fliegend begleitete er mich auf weiten Wanderungen, ja selbst auf Radtouren, treu wie ein Hund. Obwohl er mich zweifellos persönlich kannte, seine Anhänglichkeit eindeutig nur mir galt, trat doch das Triebhafte, ja geradezu Reflex-Ähnliche seines Nachfolgens oft in höchst merkwürdiger Weise zu Tage: Ging jemand sehr viel schneller, als ich es im Augenblick tat, und überholte er mich dadurch, so verließ mich die Dohle regelmäßig und schloß sich dem Fremden an. Allerdings merkte sie bald ihren »Irrtum« und kehrte zu mir zurück; mit zunehmendem Alter trat dann diese Korrektur immer rascher ein. Aber ein kleiner Start, eine Intentionsbewegung, dem, der schneller ging, zu folgen, war auch später noch oft zu bemerken.

In einen viel stärkeren Seelenkonflikt aber geriet Tschok, flogen vor uns eine oder gar mehrere Krähen auf. Der Anblick eines schlagenden schwarzen Flügelpaares, das sich rasch entfernt, löst in einer jungen Dohle zwangsläufig den übermächtig starken Trieb aus, hinterherzufliegen. Tschok konnte nicht widerstehen und hat auch aus trüben Erfahrungen in diesem Punkte nichts gelernt. Denn hinter jeder Krähe sauste er blindlings her und wurde auf diese Weise oft von einem Krähentrupp so weit entführt, daß er um ein Haar verlorengegangen wäre.

Eigenartig war sein Verhalten, wenn die Krähen landeten. In dem Augenblick, da sie nicht mehr flogen, der Zauber des schlagenden schwarzen Flügelpaares also nicht mehr wirkte, fühlte sich Tschok vereinsamt und begann mit dem besonderen Jammerruf nach mir zu rufen, mit dem eine verlorengegangene junge Dohle nach ihren Eltern ruft. Sobald er meinen antwortenden Ruf hörte, flog er auf und nach mir hin, und zwar so energisch, daß er sehr häufig nun seinerseits die Krähen mitriß und an der Spitze des ganzen Trupps auf mich zugeflogen kam. In solchen Fällen mußte ich mich den Krähen schon von weitem bemerkbar machen, sonst trat eine andere Komplikation ein. Sie kamen nämlich anfangs, ehe ich diese Gefahr kannte, hinter der Dohle her und ganz nahe an mich heran, ohne mich zu bemerken. Wurden sie schließlich meiner ansichtig, erschraken sie heftig und stoben in solcher Panik davon, daß Tschok, angesteckt vom allgemeinen Schrecken, wiederum mitgerissen wurde.

In allen sozialen Verhaltensweisen, deren Gegenstand durch individuelle Erfahrung festgelegt wird, war Tschok also auf den Menschen eingestellt. Wie Kiplings Mowgli sich als Wolf bezeichnete, so würde Tschok, hätte er sprechen können, sich gewiß als Menschen bezeichnet haben. Nur das Signal des schlagenden schwarzen Flügelpaares wird angeborenermaßen verstanden: »Flieg mit!« Man kann, etwas vermenschlichend, sagen: Solange Tschok zu Fuß ging, hielt er sich für einen Menschen, flog er aber auf, betrachtete er sich als Nebelkrähe, denn sie war es, deren schwarze schlagende Flügelpaare er als erste kennenlernte.

Als in Rudyard Kiplings Mowgli die Liebe erwachte, zwang ihn die Allgewalt des Triebes, seine Wolfsbrüder zu verlassen und zu den Menschen zurückzukehren. Wahrscheinlich hat der Dichter recht: Wir haben nämlich gute Gründe anzunehmen, daß beim Menschen und bei der großen Mehrzahl aller Säugetiere das Objekt der geschlechtlichen Liebe durch untrügliche ererbte Zeichen erkannt wird. Anders bei den Vögeln! Allein aufgezogene Vögel nämlich, die nie ihresgleichen erblickt haben, »wissen« in den meisten Fällen gar nicht, zu welcher Art sie gehören, das heißt, ihr Geselligkeitstrieb und ihre geschlechtliche Liebe richten sich auf jene Lebewesen, mit denen sie zu gewissen, prägsamen Phasen ihrer Jugendentwicklung zusammengewesen sind; in den meisten Fällen daher auf den Menschen. Da können dann durch entsprechende Umstände alle möglichen Verirrungen zustandekommen. Eine weibliche Hausgans beispielsweise, die ich derzeit besitze, hat als einziges von sechs Gänsekindern eine Infektion mit Geflügeltuberkulose überstanden und ist in der ausschließlichen Gesellschaft von Haushühnern aufgewachsen. Obwohl wir ihr rechtzeitig einen wunderschönen Gänserich gekauft haben, hat sie sich unsterblich in unseren Rhodeländer-Hahn verliebt und überhäufte ihn mit Liebesanträgen, ohne sich im geringsten um die Bewerbungen des Gänserichs zu kümmern.

Ein geradezu tragikomischer Fall derselben Erscheinung betraf einen weißen Pfauhahn des Schönbrunner Tiergartens. Als ebenfalls letzten Überlebenden einer früh geschlüpften und von schlechtem Wetter vernichteten Pfauenbrut, brachte man ihn in den wärmsten Raum, der damals, in der Zeit nach dem Ersten Weltkriege, zur Verfügung stand, nämlich zu den – Riesenschildkröten. Dieser unglückliche Vogel balzte späterhin sein ganzes Leben hindurch nur vor Riesenschildkröten und blieb blind und taub für die Reize der schönsten Pfauenhennen! Es ist typisch für diesen merkwürdigen Vorgang der Fixierung des Trieblebens an ein bestimmtes Objekt, daß sie nicht rückgängig gemacht werden kann.

Als Tschok erwachsen war, verliebte er sich in unsere Hausgehilfin, die eben damals heiratete und nach einem drei Kilometer entfernten Nachbarort übersiedelte. Nach wenigen Tagen hatte Tschok sie ausgeforscht und in ihrer Wohnung Quartier genommen. Bloß zur Nacht suchte er seinen angestammten Platz im Dachboden unseres Hauses auf. Mitte Juni aber, nachdem die eigentliche Liebes- und Brutzeit der Dohlen vorüber war, kehrte er plötzlich zu uns zurück und adoptierte eine der vierzehn Jungdohlen, die ich in diesem Frühjahr aufgezogen hatte. Diesem Adoptivkind gegenüber verhielt sich Tschok bis in die kleinsten Einzelheiten genau so, wie sich normale Dohlen ihren Jungen gegenüber benehmen. Die Verhaltensweisen der Brutpflege *müssen* selbstverständlich angeboren sein, denn die eigenen Jungen sind ja die ersten, die ein solcher Vogel zu sehen bekommt. Würde er nicht mit instinktmäßig festgelegten, ererbten Verhaltensweisen auf sie reagieren, so würde er sie unfehlbar wie jedes andere gleichgroße Lebewesen zerreißen und auffressen.

Es muß hier nachgetragen werden, daß Tschok ein *Weibchen* war und zweifellos in jener jungen Frau einen Dohlen*mann* erblickte. Tschoks Verhalten ließ an dieser Tatsache keinen Zweifel. Von der sogenannten »Überkreuz-Regel«, nach der weibliche Tiere sich zu Männern, männliche zu Frauen hingezogen fühlen, ist bei Vögeln keine Rede; auch nicht bei Papageien, von denen dies besonders häufig behauptet wird. So verliebte sich zum Beispiel eine andere, erwachsen gekaufte Dohle, ein

Männchen, in mich und behandelte mich in jeder Hinsicht als Dohlen*dame*. Stundenlang versuchte dieser Vogel mich zu veranlassen, in die von ihm erwählte Nisthöhle zu kriechen, die nur wenige Dezimeter groß war. Ähnlich versuchte ein menschen-geprägter Haussperlingsmann mich in meine eigene Rocktasche hineinzulocken. Jener Dohlenmann aber wurde dadurch besonders lästig, daß er mich immer mit den – nach seinem Geschmack – erlesensten Leckerbissen füttern wollte. Dabei »verstand« er merkwürdigerweise den menschlichen Mund anatomisch richtig als Einfuhröffnung; ich konnte ihn ganz glücklich machen, wenn ich mit dem entsprechenden Bettellaut meine Lippen gegen ihn öffnete. Dies war ziemlich aufopferungsvoll von mir, denn selbst ich habe nicht gern fein zerzupfte und mit Dohlenspeichel vermengte Mehlwürmer im Mund. Kam ich dem Vogel, was man verständlich finden wird, nicht in dieser Weise entgegen, mußte ich meine – Ohren in acht nehmen, sonst hatte ich, ehe ich mich dessen versah, einen Gehörgang mit warmem Mehlwurmbrei vollgestopft, und zwar bis zum Trommelfell hinein, da die Dohle das Futter mit der Zunge tief in den Schlund des Jungen oder des Weibchens stößt. Doch »benutzte« dieser fütterwütige Dohlenmann meine Ohren nur dann, wenn ich ihm meinen Mund verwehrte; stets versuchte er es zuerst an diesem.

Daß ich im Jahre 1927 vierzehn junge Dohlen aufzog, ist ausschließlich das Verdienst Tschoks. Da nämlich viele ihrer Instinkthandlungen dem Menschen gegenüber den Sinn verfehlten oder überhaupt unverständlich blieben, wurden meine Neugierde und der Wunsch rege, eine Kolonie zahmer, freifliegender Dohlen anzusiedeln und ihr Verhalten im Familien- und im Geschlechtsleben zu studieren. Da ich unmöglich jede einzelne der vierzehn Jungdohlen in gleicher Weise führen und an ihr Elternstelle vertreten konnte, wie ich das im Vorjahr an Tschok getan hatte, und da mir von ihr her die schlechte Orientierungsfähigkeit der Jungdohlen bekannt war, mußte ich andere Mittel ersinnen, um die neuen Dohlen an den Ort zu binden.

Nach reiflicher Überlegung verfiel ich auf folgenden Ausweg, der sich denn auch bewährt hat. Ich baute vor die Dachluke des Bodenraums, in dem Tschok schon seit längerer Zeit hauste, einen langgestreckten Flugkäfig, der aus zwei Abteilungen bestand, auf einer meterbreiten, gemauerten Dachrinne fußte und nahezu die ganze Schmalseite des Hausdaches einnahm. Die jungen Dohlen kennzeichnete ich individuell mit bunten Fußringen, die auch ihren Rufnamen bestimmten: Blaublau, Rechtsrot u. dgl.

Tschok war über die baulichen Veränderungen in der nächsten Nähe ihres Heimes vorerst etwas verstört, und es dauerte mehrere Tage, bis sie sich daran gewöhnt hatte und unbefangen durch die Klapptür im Gitterdach der vorderen Käfigabteilung aus und ein flog.

Dann wurde Tschok mit den beiden zahmsten Jungdohlen, Blaublau und Blaurot, in die vordere Käfigabteilung gebracht und dort eingesperrt. Alle anderen Dohlenkinder schloß ich im hinteren Käfigabteil ein. So verteilt, blieben die Vögel zunächst einige Tage sich selbst überlassen. Dieses Verfahren hatte den Zweck, die Tiere, die als erste bestimmt waren, frei zu fliegen, durch gesellige Bindung an die noch eingesperrten zurückzuhalten. Wie schon erwähnt, begann in eben dieser Zeit Tschok sich einer der jungen Dohlen, Linksgelb, besonders anzunehmen; glücklicherweise, denn deshalb war sie ja rechtzeitig für die im folgenden geschilderten Versuche nach Hause gekommen. Ich wählte Linksgelb aus dem Grunde nicht für die ersten Freilassungsversuche, da ich hoffte, Tschok werde ihm zuliebe in der Nähe unseres Hauses bleiben. Andernfalls wäre zu befürchten gewesen, daß sie mit dem nun voll flugfähigen Linksgelben zu ihrer geliebten Frau Unterauer nach St. Andrä übersiedelt wäre.

Meine Hoffnung, die jungen Dohlen würden Tschok nachfliegen, wie sie im Vorjahr mir nachgeflogen war, erfüllte sich nur teilweise. Als ich die Klapptür zum ersten Male öffnete, war Tschok natürlich sofort draußen, stürmte stallmutig davon und entschwand in wenigen Sekunden dem Gesichtskreis. Die Jungen dagegen brauchten lange, ehe sie sich durch die ihnen neue Öffnung ins Freie wagten. Sie taten das schließlich beide gleichzeitig, gerade als Tschok draußen vorbeisauste, und versuchten ihr zu folgen. Da sie aber den langsameren, gleichmäßigeren Flug der Jungen nicht berücksichtigte, verlor sie Tschok bei ihrem ersten Sturzflug. Später, als Linksgelb freikam, flog Tschok ganz langsam ihm voran, sah immer über die Schulter weg nach ihm, wie alle Dohleneltern tun, wenn sie ihre Jungen im Fluge führen. Um die anderen Jungdohlen kümmerte sie sich überhaupt nicht; doch auch die begriffen offensichtlich nicht, daß Tschok eine Ortskenntnis besaß, die ihnen noch fehlte, und daß sie demnach zum Führer besser taugte als ihresgleichen.

Sobald ich drei oder vier von ihnen gleichzeitig freiließ, kam es zu einer ebenso eigenartigen wie gefährlichen Erscheinung. Die dummen Kinder suchten offenbar *beieinander* Führung, das heißt, jedes trachtete dem andern nachzufliegen. So kreisten sie denn ziel- und richtungslos in der Luft, wobei sie leider immer höher und höher in den freien Raum gerieten. Da sie in jenem Alter zu kühnen Sturzflügen noch nicht fähig sind, in denen die reifen Dohlen rasch Tiefe gewinnen, endet das Verhalten der Dohlenkinder regelmäßig damit, daß sie sich um so weiter verirren, je höher sie gestiegen sind. Von den vierzehn sind einige leider auf diese Weise verlorengegangen, weil eben damals eine vollwertige alte Dohle noch fehlte – Tschok war erst ein Jahr alt und somit nicht einmal geschlechtsreif –, die, wie ich noch genau erzählen werde, derartige Irrlinge in ganz bestimmter Weise nach Hause gebracht hätte.

Auch anders macht sich das Fehlen der führenden Eltern schlimm bemerkbar. Junge Dohlen haben nämlich keinerlei angeborene Reaktion auf die sie bedrohenden Feinde. Elster, Ente, Rotkehlchen und viele andere Vögel ziehen sich fluchtbereit sofort zurück, wenn sie eine Katze, einen Fuchs oder auch nur ein Eichhörnchen erblicken. Sie tun es auch dann, wenn sie sehr jung von Menschen aufgezogen wurden und noch keine Erfahrungen mit Feinden gemacht haben. Nie wird eine zahme junge Elster sich von einer Katze erwischen lassen, und die zahmste jung aufgezogene Wildente reagiert auf ein rotes Fell, das man an einer Schnur am Teich entlang zieht, als »wüßte« sie genau, welche Eigenschaften ihr Erbfeind, der Fuchs, hat. Sie wird ängstlich und vorsichtig, warnt, geht ins Wasser, läßt aber dabei die Fuchsattrappe nicht aus den Augen, sondern folgt ihr mit dem Blick überallhin. Sie weiß, oder besser gesagt, ihre angeborenen Reaktionsweisen »wissen«, daß der Fuchs weder fliegen noch rasch genug schwimmen kann, um eine Ente im Wasser zu fangen. Der Sinn des ganzen Verhaltens liegt darin, daß der einmal entdeckte Fuchs »in Evidenz gehalten«, allgemein bekanntgemacht und ihm dadurch die Jagd vereitelt wird.

Die Kenntnis des Feindes, die bei jenen Vögeln instinktmäßig angeboren ist, muß von den jungen Dohlen persönlich erlernt werden. Und zwar, seltsamerweise, durch wirkliche Überlieferung: Die Eltern geben ihre persönlichen Erfahrungen den Kindern weiter, von Generation zu Generation.

Als Reaktion auf den Feind ist der Dohle nur dies angeboren: Ein Lebewesen, das etwas Schwarzes, Baumelndes oder Zappelndes trägt, wird wütend angegriffen; dabei hält sich das Tier vorgebeugt, zittert mit den halb geöffneten Flügeln und stößt einen schnarrenden Warnlaut aus, dessen hallender, scharf metallischer Klang auch dem Menschen als Ausdruck erbitterter Wut verständlich ist.

Nach einer ganz zahmen Dohle gelegentlich zu greifen, etwa um sie in den Käfig zu stecken oder ihr die Nägel zu beschneiden, kann man ruhig wagen. Gefährlich wird es erst, hat man zwei Dohlen. So nahm es mir Tschok nie übel, wenn ich sie ergriff. Doch als die vierzehn Jungen zu uns kamen, durfte ich es mir in ihrer Gegenwart beileibe nicht erlauben, eines in die Hand zu nehmen. Als ich das, ahnungslos, zum ersten Male tat, ertönte hinter mir erschreckend und satanisch jenes Schnarren, ein schwarzer Pfeil schoß mir von hinten über die Schulter weg und herab auf die Hand, die das Dohlenkind hielt: Erstaunt starrte ich auf ein rundes, tief eingestanztes Loch in meinem Handrücken. Die blinde Triebhaftigkeit dieses Angriffs war mir sofort deutlich. Denn Tschok war damals mit mir aufs engste befreundet und haßte die vierzehn Jungen aus Herzensgrund (Linksgelb adoptierte sie erst erheblich später), so daß ich sie dauernd vor ihr schützen mußte, sie hätte sonst alle umgebracht. Dennoch »konnte sie es nicht sehen«, daß ich ein Dohlenkind in die Hand nahm.

Dank einer Zufallsbeobachtung in jenem Sommer wurde mir der blind reflektorische Charakter der beschriebenen Reaktion noch deutlicher. Ich war in sinkender Dämmerung vom Bad in der Donau nach Hause gekommen und eilte aufs Dach, um die Dohlen, wie allabendlich, in den Käfig zu locken und schlafen zu legen. Als ich, von den Vögeln umschwärmt, in der Dachrinne stand, spürte ich plötzlich etwas Naßkaltes, nämlich meine schwarze Badehose; ich hatte sie in der Eile einfach eingesteckt. Nun zog ich sie heraus und – war im nächsten Augenblick von einer Wolke wütend schnarrender Dohlen umgeben; dabei hagelte es schmerzhafte Schnabelstöße auf die Hand, in der ich meine Schwimmhose hielt.

Die große Mentor-Spiegelreflexkamera erregte nie Anstoß, obwohl sie schwarz war und ich sie in der Hand trug, die Dohlen schnarrten aber sofort und griffen mich an, wenn ich die schwarzen Papierlaschen des Packfilms herauszog, wahrscheinlich deshalb, weil sie sich im Winde bewegten. Daß ich den Dohlen als ungefährlich bekannt, ja sogar Freund war, spielte dabei gar keine Rolle. Hatte ich etwas Schwarzes, Bewegliches in der Hand, war ich für sie als Dohlenfresser gebrandmarkt. Erstaunlich aber ist, daß selbst einer *Dohle* dasselbe passieren kann: Ich habe einen allgemeinen Schnarr-Angriff auf eine weibliche Dohle gesehen, die eine ausgefallene Schwungfeder eines Kolkraben als Baumaterial zu ihrem Nest tragen wollte! Dagegen schnarren zahme Dohlen nicht und greifen auch nicht an, wenn man ihnen ihre eigenen kleinen Jungen, solange diese noch nackt *und somit nicht schwarz sind,* auf der Hand vorhält. Aber von dem Tage an, da die Kiele des Kleingefieders springen, die Tiere also an der Oberseite plötzlich *schwarz* werden, darf man es nicht wagen, sie anzurühren, will man sich nicht einem wütenden Schnarr-Angriff aussetzen.

Nach einem solchen Angriff sind die Dohlen ausgesprochen mißtrauisch gegen das, was gerade Feind war. Wir können die besondere Qualität des Erlebnisses, das offenbar der tief erregenden Instinkthandlung verbunden ist, nicht nachempfinden. Unsere Affekte, Wut, Haß, Angst, sind den besonderen der Tiere nur sehr ungefähr vergleichbar. Was die Dohle da erlebt, wissen wir nicht, aber daß dieses Erlebnis etwas sehr Spezifisches und ungemein affektbetont ist, kann nicht bezweifelt werden.

Dieser glühende Affekt brennt der Erinnerung des Tieres unglaublich rasch eine unauslöschliche Gedankenverbindung ein zwischen der bedeutungsgeladenen Situation (»Dohle in den Klauen des Räubers«) und der Person des »Verbrechers«. Löst man zwei-, dreimal hintereinander den Schnarr-Angriff einer noch so zahmen Dohle aus – man hat es sich mit ihr für immer verdorben. Von Stund an schnarrt sie schon, wenn sie dich bloß sieht; man trägt für sie das Kainszeichen; auch ohne etwas Schwarzes, Zappelndes in Händen. Mehr noch: Es gelingt dieser Dohle ohne weiteres, auch alle anderen von deiner Schlechtigkeit zu überzeugen. Das Schnarren ist ungemein ansteckend, es löst den Angriff bei allen Dohlen, die es hören, ebenso prompt aus, wie der Anblick des Schwarzen, Baumelnden. Die »üble Nachrede«, daß man einmal oder zweimal damit gesehen wurde, verbreitet sich wie ein Lauffeuer, und im Nu ist man allen Dohlen der engeren und weiteren Umgebung als Raubtier, das anzuschnarren ist, bekannt.

Der ursprüngliche Sinn der »Schnarr-Reaktion« liegt zweifellos darin, einen von einem Raubtier ergriffenen Artgenossen zu verteidigen, ihn womöglich zu retten oder doch wenigstens dem Räuber den Genuß der Beute so zu erschweren, daß ihm künftig die Dohlenjagd gründlich verleidet wird. Wenn etwa der Habicht deshalb Dohlen weniger gern frißt als andere Vögel, die ihm die Jagd nicht verschnarren und verekeln, muß sich die Reaktion für die Dohlen schon »rentieren«, das heißt, einen erheblichen Wert für die Arterhaltung haben. In dieser ursprünglichen Funktion ist die Schnarr-Reaktion auch bei nicht gesellschaftlich lebenden Rabenvögeln vorhanden, wie Krähen, Elstern und Kolkraben. Analoge Verhaltensweisen gibt es aber auch bei Kleinvögeln.

Mit der stammesgeschichtlichen Höherentwicklung des gesellschaftlichen Lebens der Rabenvögel, vor allem der Dohle, kam zu dieser ursprünglichen Bedeutung der Kameraden-Verteidigungsreaktion die noch wesentlich wichtigere neue: Durch sie wird dem noch erfahrungslosen Jungvogel traditionsmäßig die Kenntnis jenes Tieres übermittelt, das er als Räuber zu fürchten hat. Wohlgemerkt: die wirkliche, also erworbene Kenntnis, nicht ein instinktmäßiges Analogon eines solchen Wissens!

68

Man bedenke, wie merkwürdig das alles ist: Ein Tier, das seinen Feind nicht angeborenermaßen, nicht »instinktiv« kennt, bekommt von älteren, erfahreneren Artgenossen *gesagt,* wen es als Feind zu fürchten hat! Das ist echte Tradition, Weitergabe persönlich erworbenen Wissens vom Vater auf den Sohn. Menschenkinder könnten sich ein Beispiel daran nehmen, wie junge Dohlen die »wohlmeinenden« Warnungen ihrer Eltern ernst nehmen. Taucht ein Lebewesen auf, das dem Jungen bisher unbekannt war, braucht die führende alte Dohle nachweisbar nur ein einziges Mal zu schnarren, und schon ist für immer die Gedankenverbindung zwischen dem Bild des Feindes und der Warnung hergestellt. Es mag im Freileben der Dohlen nur sehr selten vorkommen, daß ein unerfahrenes Jungtier die Gefährlichkeit eines Räubers erst daran erkennt, daß es ihn mit etwas Schwarzem, Baumelndem in den Fängen antrifft. Die Dohlen fliegen ja immer in dichten Scharen, weshalb man annehmen kann, daß unter ihnen stets auch ein erfahrener Vogel ist, der schon beim bloßen Anblick des Räubers zu schnarren beginnt.

Meine vierzehn Dohlen hatten niemanden, der sie vor Gefahr gewarnt hätte. Ohne ein warnendes Elterntier bleibt ein Jungvogel ruhig sitzen, wenn eine Katze heranschleicht, er läßt sich auch ungescheut vor der Nase des erstbesten Köters nieder und hält ihn für genauso harmlos und freundlich wie die Menschen, in deren Kreis er aufwuchs. Kein Wunder also, daß meine Dohlenschar in der ersten Zeit ihres Freifliegens bedenklich zusammenschmolz. Als ich mir über diese Gefahr und ihre Ursachen klargeworden war, ließ ich meine Vögel nur noch während der Stunden hellen Tageslichtes frei;

da sind nämlich nur wenige Katzen unterwegs. Viel Zeit und Geduld war nötig, um die Tiere abends rechtzeitig wieder in ihren Käfig zu bringen. Einen Sack Flöhe hüten ist eine Kleinigkeit gegen die Aufgabe, vierzehn Dohlen in einen Käfig zu locken. Ich durfte sie ja nicht angreifen, und während ich eine, sobald sie auf meiner Hand saß, durch die Tür des Käfigs praktizierte, flogen zwei andere wieder hinaus. Selbst wenn ich den vorderen Käfigteil als Schleuse benutzte, dauerte es allabendlich etwa eine Stunde, bis ich alle Vögel hinter den Stäben hatte.

So lebte ich denn mit meinen Dohlen, deren jede ich auch nach ihrem Gesicht, sozusagen nach ihrer Physiognomie, genau kannte; ich brauchte also gar nicht mehr auf den farbigen Fußring zu sehen. Das ist nun freilich leichter gesagt als zustande gebracht. Denn, um jede persönlich so zu kennen, muß man wirklich viel Zeit in stetem unmittelbarem Kontakt mit ihnen verleben. Ohne diese Voraussetzung wäre es unmöglich, in die Einzelheiten des Gesellschaftslebens der Dohlen einzudringen.

Kennen nun die Tiere *einander* ebenso zuverlässig? Viele gelehrte Tierpsychologen haben nicht glauben wollen, daß dem so ist, ja die bloße Möglichkeit energisch bestritten. Dennoch kann ich versichern: Jedes einzelne Mitglied meiner Dohlenkolonie hat von jedem anderen genau gewußt, wer der Betreffende ist. Das geht schon aus der einfachen Tatsache der *Rangordnung* hervor. Jeder Hühnerbesitzer weiß, daß selbst unter den weitaus dümmeren Bewohnern unserer Hühnerhöfe eine feste Reihenfolge besteht, nach der ein Huhn vor dem anderen Angst hat. Nach einigen wenigen Auseinandersetzungen, die nicht einmal handgreiflich sein müssen, weiß jedes der Tiere, sowohl wem es als auch wer ihm auszuweichen hat. Für die Stellung innerhalb dieser Rangordnung sind durchaus nicht nur die Körperkräfte, sondern mindestens ebensosehr der persönliche Mut, die Energie, ich möchte sagen die Selbstsicherheit des betreffenden Vogels, maßgebend.

Solche Rangordnungen bei sozialen Tieren sind ungemein konservativ. Wer in einer Auseinandersetzung, und sei diese auch nur »moralisch«, unterliegt, merkt sich das für sehr lange Zeit und wagt es nicht so leicht, gegen seinen Überwinder aufzumucken, vorausgesetzt, daß die Tiere dauernd miteinander in Berührung bleiben. Sogar bei den höchsten und klügsten Säugetieren ist das der Fall.

Die Rangordnungsstreitigkeiten innerhalb einer Dohlenkolonie unterscheiden sich in einem sehr wesentlichen Punkte von denen im Hühnerhof. Hier haben die Ranguntersten nichts zu lachen. In jeder künstlichen Anhäufung nichtsozialer Tiere, und zwar im Hühnerhof wie auch unter den Kleinvögeln in einem Flugkäfig, hacken die hoch im Rang Stehenden besonders gern und wütend auf die Ranguntersten. Ganz anders bei den Dohlen. In der Dohlengesellschaft sind die Ranghohen, vor allem der »Despot« selbst, durchaus nicht angriffslustig gegen die, die *tief* unter ihnen stehen. Nur gegen die, die ihnen im Rang *unmittelbar* unterstehen, sind sie gereizt, vor allem der »Despot« gegen den »Thronprätendenten«, Nummer Eins gegen Nummer Zwei. Ein Beispiel: Die Dohle A sitzt am Futterplatz und frißt. Die Dohle B kommt in »Imponierhaltung«, Kopf hoch aufgerichtet, Nacken herausgedrückt, gravitätisch heran, worauf A beiseite rückt, im übrigen aber sich nicht stören läßt. Nun kommt C, deren Imponierhaltung weniger ausgesprochen ist, heran, worauf überraschenderweise A sofort flieht, B Drohstellung annimmt, das Rückengefieder sträubt, C angreift und vertreibt. Die Erklärung: C stand in der Rangordnung zwischen den beiden anderen, der rangtiefen A nahe genug, sie zu ängstigen, der ranghohen B nahe genug, ihren Zorn zu erregen.

Sehr ranghohe Dohlen sind gegen *sehr* rangtiefe ausgesprochen gutmütig, sie betrachten sie gewissermaßen als Luft und ihr Imponiergehaben ist ihnen gegenüber nur »reine Formalität«; es geht nur bei allernächster Annäherung in Drohstellung, kaum je in wirklichen Angriff über. Die Reizbarkeit der Rangoberen gegen die ihnen Untergeordneten ist genau nach dem Rang der letzteren abgestuft. Dieses an sich sehr einfache Verhalten wirkt sich in einer außerordentlich »gerechten« Schlichtung der Streitigkeiten zwischen den Mitgliedern der Kolonie aus. Wie auf uns Menschen wirken auf die Dohlen die Ausdrucksbewegungen von Affekten auch für den suggestiv, auf den sie nicht gemünzt sind. So greifen ranghohe Dohlen energisch in den Streit zweier Untergeordneten ein, sobald deren Auseinandersetzung heftigere Formen annimmt. Da der Eingreifende aber immer gegen den jeweils Ranghöheren der kämpfenden Partner merkbar reizbarer ist als gegen den im Rang tieferstehenden, so handelt die ranghohe Dohle, vor allem der Koloniedespot, regelmäßig nach dem ritterlichen Grundsatz: Wo es Stärkere gibt, tritt den Schwächeren zur Seite. Und weil ernster Streit so gut wie immer um Nistplätze entbrennt – in fast allen anderen Fällen weicht der Untergebene kampflos –, schützt dieses Verhalten der starken Dohlenmänner die Nester rangtiefer Koloniemitglieder; und zwar sehr wirksam.

Ist sie einmal eingespielt, wird die soziale Rangordnung zwischen den Mitgliedern der Dohlenkolonie ungemein konservativ beibehalten. Ich habe nie eine spontane Umschichtung ohne äußeren Anlaß gesehen, etwa dadurch, daß eine bisher untergeordnete Dohle aufgemuckt hätte. In meiner Dohlenkolonie kam es nur ein einziges Mal vor, daß der Despot entthront wurde; und zwar von einem Rückkömmling, einem früheren Koloniemitglied, dem während der langen Abwesenheit auch der tief eingeprägte Respekt vor dem Herrscher abhanden gekommen war. »Doppelrossitten«, so hieß der Gewalttäter (nach den beiden Rossittener-Ringen an den Beinen) kam im Herbst 1931, frisch vermausert und von allerlei Sommerfahrten gekräftigt, nach Hause und besiegte in der ersten Auseinandersetzung Gelbgrün, das bisherige Spitzenmännchen. Dies war aus zwei Gründen bemerkenswert: Erstens hatte Doppelrossitten in diesem Kampf auch die Gattin Gelbgrüns gegen sich (er selbst war unverheiratet), zweitens war er erst anderthalb Jahre alt, indes Gelbgrün noch einer von den Vierzehn des Jahrganges 1927 war.

Interessant ist auch die Art, in der ich von dieser Revolution Kenntnis erhielt. Ich sah nämlich plötzlich am Futterplatz, wie eine kleine, sehr zarte und im Range tief stehende junge Dohlendame dem ruhig speisenden Gelbgrün immer näher an den Leib rückte, schließlich sogar, als müßte das so sein, Imponiergehaben annahm, worauf das große Männchen still und widerspruchslos das Feld räumte. Als ich ferner sah, daß der heimgekehrte junge Dohlenheld dem Gelbgrünen den Rang abgelaufen hatte, glaubte ich zunächst, der abgesetzte Despot sei eben unter dem noch frischen Eindruck seiner Niederlage so eingeschüchtert gewesen, daß es auch anderen Koloniemitgliedern, wie jenem jungen Weibchen, gelungen sei, ihn ins Bockshorn zu jagen. Diese Annahme war falsch. Gelbgrün war nur von Doppelrossitten besiegt und war daher eindeutig und für immer Nummer Zwei. Aber – Doppelrossitten hatte sich sofort nach seiner Rückkehr in jenes junge Mädchen verliebt und, im Laufe von höchstens zwei Tagen, fest mit ihm verlobt! Da nun die Gatten eines Dohlenpaares in jedem Streit getreu und mutig füreinander einstehen, zwischen ihnen eine Rangordnung im eigentlichen Sinn nicht mehr besteht, haben beide automatisch *dieselbe* Rangnummer in ihren Auseinandersetzungen mit anderen Koloniemitgliedern. Die Braut rückt also mit ihrer Verlobung zwangsläufig sofort in den Rang des Bräutigams auf. Das Umgekehrte gibt es nicht: Ein unverbrüchliches Gesetz schreibt nämlich vor, daß kein Dohlenmann eine ihm übergeordnete Frau heiraten darf.

Das Außerordentliche an der Sache ist weniger die Umschichtung selbst als die Geschwindigkeit, mit der es sich in der Kolonie herumspricht, daß eine solche kleine Dohlenfrau, die bisher von der überwiegenden Mehrheit geprügelt wurde, ab heute »Frau Präsident« ist und von niemandem daher auch nur schief angesehen werden darf. Das Erstaunliche aber, für den Kundigen, ist, daß *sie selbst es weiß!* Nach einer schlechten Erfahrung scheu und ängstlich werden, das können Tiere stets sehr rasch. Aber verstehen, daß eine bisher bestehende Gefahr beseitigt ist, und dementsprechend Mut fassen, dazu gehört sehr, sehr viel mehr. Jene kleine Dohle wußte nach kaum achtundvierzig Stunden genau, was sie sich herausnehmen durfte. Und leider muß gesagt werden, daß sie von ihren neuen Rechten reichlich Gebrauch machte. Dabei ließ sie jedoch durchaus jene »noble« oder auch »blasierte« Toleranz vermissen, die ranghohe Dohlen sonst für tief untergeordnete haben; sie nützte vielmehr jede Gelegenheit, ihren einstigen Vorgesetzten eins auszuwischen. Dabei ließ sie es nicht bei der bloßen Imponiergeste bewenden, sondern wurde sofort handgreiflich. Mit einem Wort, sie benahm sich ausgesprochen ordinär.

Nein, ich vermenschliche nichts mit dieser Ausdrucksweise, hat man nur begriffen, daß das sogenannte Allzumenschliche fast immer das *Vor*-Menschliche ist, und daher das, was wir mit den höheren Tieren gemeinsam haben. Man mag mir glauben: Ich projiziere menschliche Eigenschaften ganz sicher nicht in das Tier. Eher tue ich das Gegenteil: Ich zeige, wieviel tierisches Erbe auch heute noch im Menschen steckt. Und wenn ich eben sagte, daß sich ein Dohlenmännchen plötzlich in ein Dohlenmädchen verliebte, so ist auch das keine Vermenschlichung. Gerade in diesem Punkte, im Sich-Verlieben – »falling in love« sagt der Engländer so plastisch –, verhalten sich manche höhere Vögel und Säugetiere genau wie der Mensch. Auch bei den Dohlen ist die große Liebe häufig plötzlich da, von einem Tag auf den anderen, und zwar, wiederum wie beim Menschen, manchmal ganz typisch »auf den ersten Blick«. Manche verloben sich dann auch sofort. Dabei ist zu sagen, daß die Vertrautheit dauernden Zusammenseins den eigenartigen Vorgang der Verlobung nicht in dem Maße fördert, wie man zunächst denken möchte. Unter Umständen bewirkt erst eine vorübergehende Entfremdung, was in jahrelanger Intimität ausblieb. So habe ich an Wildgänsen beobachtet, daß zuweilen Verlobungen erst dann gefeiert wurden, wenn zwei Partner, die schon vorher befreundet waren, nach längerer Trennung einander wiedersahen.

Entgegen dem Vorurteil, daß in Liebe und Ehe der Tiere das »viehische« Moment, also das grob-sinnliche, vorherrsche, ist zu betonen, daß gerade im Leben solcher Tiere, bei denen Liebe und Ehe eine große Rolle spielen, die Verlobung der körperlichen Vereinigung fast immer lange Zeit vorausgeht.

Dohlen verloben sich in dem auf ihre Geburt folgenden Frühling, sind jedoch in dem darauffolgenden erst fortpflanzungsfähig. Ebenso die Wildgänse. Bei beiden Arten beträgt also die normale Zeit des Brautstandes genau ein Jahr. Die Werbung des Dohlenmännchens ist darin der des Gänserichs – und schließlich auch der des Menschenjünglings – ähnlich, daß ihm keine besonderen Organe der Balz, keine bunten Federn wie dem Pfau, keine besonderen Stimmwerkzeuge wie der Nachtigall, zur Verfügung stehen. Der heiratslustige Dohlenmann muß es also auch ohne derlei Hilfsmittel verstehen, »etwas aus sich zu machen«. Die Art und Weise, in der er dieses Ziel erreicht, mutet in vieler Hinsicht verblüffend menschlich an. Der Dohlenjüngling »prahlt« mit überschüssiger Kraft, alle seine Bewegungen haben etwas Gewollt-Gespanntes, er kommt aus der Imponierstellung (durchgedrückter Nacken und aufgerichteter Hals) überhaupt nicht mehr heraus. Er sucht dauernd Reibereien mit anderen Dohlen und läßt sich sogar in Kämpfe mit sonst gefürchteten Vorgesetzten ein. Aber wohlgemerkt: Nur wenn »sie« zusieht!

Vor allem aber sucht er auf die Umworbene mit dem Besitz einer potentiellen Nisthöhle Eindruck zu machen, von der er alle anderen Dohlen, ungeachtet ihres Ranges, vertreibt und in der er einen bestimmten Nest-Lockruf ertönen läßt, ein hohes, scharfes »Zick, zick, zick«. Dieses »Zu-Neste-Locken« ist zumeist nur symbolisch. Es kommt in diesem Stadium auch gar nicht darauf an, daß die betreffende Höhle geeignet ist, um darin wirklich nisten zu können. Irgendein dunkler Winkel, ein kleines Loch, das viel zu eng wäre, wollte das Tier tatsächlich hineinkriechen, genügt für die »Zick-Zeremonie« vollkommen. Der schon einmal erwähnte Dohlenmann, der mir Mehlwurmbrei in die Ohren stopfte, zickte mit besonderer Vorliebe auf dem Rande eines kleinen Mehlwurmtopfes. Und unsere freilebenden Dohlen benützen zum gleichen Zweck die oberen Öffnungen der Rauchfänge unseres Hauses, obwohl in diesen nie genistet wird. Das »Zick, zick« tönt dann im Vorfrühling geheimnisvoll aus den verschiedenen Öfen.

Alle Formen der Selbstdarstellung richten sich beim werbenden Dohlenmännchen stets auf ein genau bestimmtes Weibchen. Wie aber erfährt dieses, daß die ganze Vorstellung nur ihm zuliebe stattfindet?

Das macht die »Sprache der Augen«! Das Männchen sieht nämlich während seiner Darbietungen dauernd nach der Umworbenen hin und bricht seine Anstrengungen augenblicklich ab, falls diese etwa wegfliegen sollte – was sie übrigens nicht so leicht tut, soferne sie Interesse für den Jüngling hat.

Höchst eigenartig, und auch für den Beobachter, der

nicht vermenschlicht, unwiderstehlich heiter, ist der Unterschied zwischen dem Augenspiel des werbenden Männchens und dem des umworbenen Weibchens. Während nämlich der Mann ununterbrochen glühend und unverhohlen nach dem Mädchen blickt, schaut *sie* scheinbar nach allen Himmelsrichtungen, nur nicht nach dem balzenden Männchen. Tatsächlich schaut sie aber doch hin, und zwar mit ganz kurzen, nur Sekundenbruchteile währenden Blicken, aber doch auch wieder lange genug, um genau zu wissen, daß der ganze Zauber nur ihr gilt, und auch lange genug, daß auch er weiß, daß sie es weiß. Wenn sie nämlich ehrlich uninteressiert ist und daher gar nicht zurückschaut, so gibt der Jüngling seine vergeblichen Bemühungen ebensoschnell auf, wie ... andere Leute.

Ihr »Jawort« gibt die Dohlenjungfrau, indem sie sich vor dem Männchen, das in höchster Imponierstellung herankommt, hinduckt und in eigenartiger Weise mit den Flügeln und mit dem Schwanz zittert. Diese Bewegungsweise entspricht einer symbolischen, »ritualisierten« Paarungsaufforderung. Sie führt jedoch nie zur Paarung selbst, sondern ist reine Begrüßungszeremonie. Verheiratete Dohlenfrauen pflegen ihren Gatten immer mit dieser Bewegungsweise zu begrüßen; auch außerhalb der eigentlichen Paarungszeit. Die Zeremonie hat ihre stammesgeschichtlich ursprüngliche, unmittelbar geschlechtliche Bedeutung völlig verloren und drückt nunmehr die zärtliche Unterwürfigkeit des Weibchens gegenüber dem Gatten aus.

Von dem Augenblick an, da die Braut in dieser Weise ihrem Männchen »ergeben« geworden ist, wird sie jedoch anderseits selbstbewußt und angriffslustig gegen alle anderen Dohlen der Kolonie. Für die Weibchen hat ja die Verlobung so gut wie immer eine gewaltige Beförderung in der Rangliste der Kolonie zur Folge, da sie, solange sie nicht verheiratet sind, als die durchschnittlich Kleineren und Schwächeren im Range allgemein tiefer stehen als die Männer.

Das jungverlobte Paar bildet eine innige Schutz- und Trutzgemeinschaft, jeder tritt geradezu wütend für den anderen ein. Das ist auch sehr nötig, denn die beiden müssen gegen die Konkurrenz älterer und ranghöherer Paare eine Niststelle erkämpfen und behaupten. Rührend, diese trotzige Liebe zu beobachten. Fast dauernd in maximaler Imponierhaltung, kaum je weiter als einen Meter voneinander entfernt, wandeln sie durch das Leben. Es sieht aus, als seien sie mächtig stolz aufeinander, wie sie so Seite an Seite gravitätisch dahinschreiten, das Kopfgefieder stärkstens gesträubt, so daß die schwarzen Samtkäppchen und die hell grauseidenen Nacken zu schöner und lebhafter Wirkung kommen. Und wie rauh sie nach außen, so zärtlich sind sie zueinander. Jeden Leckerbissen, den das Männchen findet, steckt es dem Weibchen zu, und dieses nimmt die Gabe mit der Bettelgebärde eines Jungvogels hin. Überhaupt vernimmt man in ihrem »Liebesgeflüster« kindliche Laute, die erwachsene Dohlen sonst nicht haben. Wie menschlich mutet auch dies wiederum an! Auch bei uns geht ja mit jeder Form von Zärtlichkeit eine unleugbare Neigung zur Verkindlichung einher. Sind nicht alle Kosenamen, die unsere Zärtlichkeit erfindet, Verkleinerungen?

Der deutlichste Ausdruck der Zärtlichkeit, über den das Weibchen verfügt, besteht darin, dem Geliebten das Kopfgefieder zu putzen, also ihn dort zu pflegen, wo er selbst mit dem Schnabel nicht hinreicht. Befreundete Dohlen, wie auch sehr viele andere gesellschaftlich lebende Vögel und Säugetiere, erweisen einander den Liebesdienst der »sozialen Hautpflege« auch sonst, also ohne erotische Nebenbedeutung. Kein anderes mir bekanntes Wesen aber legt darin einen so großen Eifer an den Tag wie eine verliebte Dohlenfrau. Viele Minuten lang – und das ist bei den quecksilbrigen Vögeln eine lange Zeit – kann sie dem Gatten die wunderbar seidigen und langen Nackenfedern strählen, indes er mit wollüstig halbgeschlossenen Augen und maximal gesträubtem Kopfgefieder ihr den Nacken bietet. Bei kaum einem anderen Lebewesen, auch nicht bei den sprichwörtlich gewordenen Tauben oder den »Inseparables« findet die Zärtlichkeit ehelicher Liebe einen so verständlichen und rührenden Ausdruck wie gerade bei der Dohle. Und das Schönste: Diese Zärtlichkeit nimmt in den vielen Jahren treuer Ehe nicht ab, sondern zu! Dohlen sind nämlich langlebige Vögel; sie werden wohl nicht viel weniger alt als Menschen. Und da die Dohlen, wie gesagt, sich im ersten Lebensjahr verloben und im zweiten schon heiraten, dauert ihr Bund lange, vielleicht länger als der verheirateter Menschen. Und auch nach vielen Jahren füttert das Männchen sein Weibchen genauso zärtlich, findet das Weibchen noch dieselben leisen, vor innerer Erregung zitternden Töne der Liebe wie im ersten Frühling, der hier auch der erste des Lebens war.

Von den vielen Dohlenverlobungen und -ehen, die ich entstehen sah und verfolgen konnte, war nur eine einzige *nicht* von Dauer, und da trennten sich Männchen und Weibchen schon in der ersten Zeit der Verlobung. Die Schuld an diesem Fehlschlag trug eine überdurchschnittlich temperamentvolle junge Dohlendame namens Linksgrün.

Im Vorfrühling 1928, also im ersten Frühling der 1927 geborenen »Vierzehn«, verlobte sich zuerst der damalige Despot Gelbgrün mit Rotgelb, der schönsten unter den verfügbaren Jungfrauen. Mir hätte sie auch am besten gefallen. Der Dohlenmann Blaugelb, Nummer Zwei der Kolonie, hatte sich, soweit ich es durchschauen konnte, anfänglich wohl auch um Rotgelb beworben, verlobte sich aber bald darauf mit Rechtsrot, einer ziemlich großen und für ein Weibchen starken Dohle. Die Verlobung Blaugelb – Rechtsrot verlief merkbar langsamer und erregungsschwächer als die von Gelbgrün und Rotgelb; es war eben für Blaugelb und Rechtsrot doch nicht die große Liebe.

Der genaue Zeitpunkt, da einjährige Dohlen in geschlechtliche Erregung zu kommen beginnen, ist recht verschieden. Die vorhin Genannten wurden Ende März bis Anfang April »boy-conscious«, Linksgrün erst Anfang Mai. Aber da trat sie dann ebenso plötzlich wie intensiv auf den Plan. Sie war, wie schon gesagt, klein und stand in der Rangordnung ziemlich tief unten. Das Grau an ihrem Nacken hatte nur wenig Silberglanz; so war sie nach menschlichen Begriffen bedeutend weniger schön als Rechtsrot, geschweige denn Rotgelb. Aber sie hatte Temperament. Sie verliebte sich in Blaugelb, und ihre Liebe war um so viel nachhaltiger als die der Rechtsroten, daß sie, um in belletristisch kunstloser Weise das Ende vorwegzunehmen, die schönere und stärkere Nebenbuhlerin ausstach.

Die erste Kunde, die ich vom Beginn dieses Liebesdramas erhielt, bestand darin, daß ich folgende Szene beobachtete. Blaugelb saß friedlich auf der Oberkante der offenen Käfigtür und ließ sich gemütlich von der links neben ihm sitzenden Rechtsroten die Nackenfedern kraulen. Da landete, von beiden unbemerkt, Linksgrün ebenfalls auf der Türkante, blieb aber zunächst etwa einen Meter von dem Paare entfernt sitzen und äugte gespannt nach den Liebenden hin. Dann rückte sie von rechts her allmählich und vorsichtig, mit langem Halse und deutlicher Fluchtbereitschaft, immer näher an den Blaugelben heran und – begann ebenfalls, in seinen Nakkenfedern zu nesteln. Blaugelb merkte nicht, daß er jetzt von zwei Seiten her geputzt wurde, denn er hatte, wie beschrieben, in voller Hingabe an das Gekraule beide Augen geschlossen. Rechtsrot merkte ebenfalls nichts, da der ohnehin dicke und große, im Augenblick noch dazu stark aufgeplusterte Mann zwischen ihr und der Linksgrünen saß und ihr so den Ausblick verstellte. Diese verzwickte Situation bestand minutenlang, bis Blaugelb schließlich zufällig sein rechtes Auge etwas öffnete, die fremde Frau sah, wütend fauchte und sofort nach ihr hackte. Nun entdeckte auch Rechtsrot die Linksgrüne, da die Angriffsstellung des Männchens ihr jetzt den Blick freigab. Mit einem Satz sprang sie über ihren Verlobten weg und stürzte sich auf die kleine Nebenbuhlerin, und zwar so schnell und so wütend, daß ich den Eindruck bekam, sie habe, im Gegensatz zu mir, nicht erst in diesem Augenblick die ernsten Absichten der kleinen Linksgrünen erkannt.

Die rechtmäßige Braut hatte die Situation klar erfaßt: Noch nie, auch später nicht, habe ich eine Dohle in so wütender Verfolgung gesehen, wie damals Rechtsrot die Linksgrüne verfolgte. Aber ohne Erfolg. Denn die kleinere und sehnigere Linksgrüne war im Fliegen deutlich überlegen. Landete die Braut nach längerer Luftjagd wieder bei ihrem Verlobten, war sie merklich außer Atem, die Linksgrüne dagegen, die keine halbe Minute später ebenfalls ankam, nicht. Und das gab den Ausschlag!

Linksgrün war in ihrer aufdringlichen Liebeswerbung wenig kunstvoll, aber bewundernswürdig ausdauernd. Sie verfolgte das Paar tagaus, tagein, ohne die geringste Unterbrechung. Wie oft die rechtmäßige Braut sie auch davonjagte, wie weit sie hinter ihr herhetzte – wenige Sekunden nachdem sie selbst zu ihrem Männchen zurückgekehrt war, erschien auch die zudringliche Klette wieder. Blaugelb verhielt sich zu ihr zunächst völlig ablehnend. Er verfolgte sie zwar nicht, aber sie durfte nicht in die Reichweite seines Schnabels, sonst bezog sie harte Hiebe. Ich glaube nicht, daß ihre Weiblichkeit sie vor seiner nachdrücklichen Verfolgung schützte, sondern sie dürfte die Schonung jenem ungeschriebenen Gesetze zu danken gehabt haben, nach welchem sich ranghohe Dohlen um tiefer stehende Artgenossen nicht so intensiv kümmern.

Linksgrün nützte die Großmut des Blaugelben schamlos aus und hielt ihn geflissentlich zwischen sich und der Rechtsroten. Solange das Paar sich beschäftigte, folgte sie ihm zwar überall hin, hielt jedoch vorsichtig Abstand. Rückte es in gemütlicher Ruhestimmung näher zusammen, schloß auch Linksgrün auf. Kraulte Rechtsrot dann ihren Bräutigam, schlich die Linksgrüne eilig von der anderen Seite heran, um rasch ein wenig mitzukraulen.

Aber: Steter Tropfen . . . Die Angriffe der Rechtsroten

verloren langsam, sehr langsam, an nachdrücklicher Kraft. Der Blaugelbe gewöhnte sich allmählich daran, von zwei Seiten gleichzeitig gekrault zu werden. Schließlich sah ich eine Szene, die mich etwas erschütterte: Blaugelb saß da und ließ sich von der Rechtsroten den Hinterkopf kraulen. Von der anderen Seite her tat die kleine Linksgrüne das gleiche. Da hörte die Rechtsrote aus irgendeinem Grund plötzlich auf zu kraulen und ging weg. Das große Männchen öffnete die Augen und sah die Linksgrüne auf der anderen Seite. Hackte er nun nach ihr? Trieb er sie weg? Nein, sondern er drehte ganz bedächtig den Kopf herum und bot mit voller Absicht der kleinen Linksgrünen die zu bekrabbelnde Stelle am Hinterkopf und schloß wiederum die Augen!

Von nun an machte die Linksgrüne rapide Fortschritte in seiner Gunst. Wenige Tage später sah ich, wie er sie regelrecht und zärtlich fütterte; allerdings war die Rechtsrote nicht dabei. Nun hieße es die geistigen Fähigkeiten des Vogels maßlos überschätzen, nähme man an, er habe dies bewußt »hinter dem Rücken« seiner »rechtmäßigen Braut« getan. Wäre die Rechtsrote im Augenblick dagewesen, hätte sie den Leckerbissen erhalten, nur weil sie eben nicht da war, bekam ihn die andere. In dem Maße, in dem die Linksgrüne des Männchens sicherer wurde, trat sie auch frecher gegen die Rechtsrote auf. Sie floh auch nicht mehr so unbedingt vor ihr, und gelegentlich setzte es Kämpfe zwischen den beiden. Eigentümlich war dann das Verhalten des Blaugelben. Während er sonst seiner Braut gegen jede andere Dohle zur Seite gestanden wäre, befand er sich hier offensichtlich in einem Konflikt. Er drohte wohl der Linksgrünen, wurde aber nie mehr tätlich gegen sie, ja, einmal sah ich ihn sogar leichte Drohgebärden nach der Seite der Rechtsroten ausführen. Seine Gehemmtheit, seine »Verlegenheit« in dieser Konfliktsituation, war manchmal nicht zu übersehen.

Das Ende des Romans kam plötzlich und dramatisch: Eines Morgens fehlte der Blaugelbe und mit ihm – die Linksgrüne! Verunglückt sind die beiden erwachsenen und erfahrenen Vögel sicher nicht zu gleicher Zeit. Zweifellos sind sie einfach davongeflogen. Wie für Menschen sind Konfliktsituationen auch für Tiere quälend. So halte ich es denn nicht für ausgeschlossen, daß es der Widerstreit unvereinbarer Emotionen war, der den Dohlenmann in die Fremde getrieben hat.

Daß sich jemals etwas Ähnliches bei verheirateten, älteren Paaren ereignet hätte, habe ich nie gesehen. Ich glaube auch nicht, daß dies überhaupt je vorkommt. Alle Dohlenbrutpaare, die ich längere Zeit beobachten konnte, haben bis zum Tode getreu zusammengehalten. Witwer und Witwen heiraten allerdings wieder, soferne sie einen passenden Gatten finden, was für alte und sehr hoch im Rang stehende Weibchen jedoch nicht leicht ist.

Im zweiten Lebensjahre werden die Dohlen fortpflanzungsfähig. Eigentlich sind sie es ja schon in ihrem zweiten Herbst, unmittelbar nach ihrer ersten Vollmauser, in der sie nicht nur die kleinen Federn des Körpers, sondern auch die großen Flugfedern der Flügel und des Schwanzes erneuern. Bereits nach dieser Mauser, an schönen Herbsttagen, sind die Tiere deutlich in Fortpflanzungsstimmung, und zwar speziell in »Nisthöhlen-Stimmung«. Das beschriebene »Zick, zick« ist überall und dauernd zu hören. Wenn das Wetter dann kälter wird, flaut dieser sogenannte »Postmauserale Pseudo-frühling« wieder ab, doch die Fortpflanzungsstimmung bleibt latent vorhanden; so tönt an warmen Wintertagen gelegentlich ein kleines »Zick-Konzert« die Rauchfänge herab. Im Februar und März wird es dann ernst, und das Gezicke will kein Ende mehr nehmen. Zu dieser Zeit kommt es dann auch schon manchmal zu einer Zeremonie, die wohl das Interessanteste im gesamten Gesellschaftsleben der Dohle ist.

In den letzten Tagen des März etwa, da die Zickstimmung den Höhepunkt erreicht, schwillt in irgendeiner Mauernische oder in einem Schornstein das Konzert zu ungeahnter Stärke an. Gleichzeitig ändert es seine Klangfarbe, wird tiefer und voller und klingt nunmehr wie ein »Jüp, jüp, jüp«, das in raschestem Stakkato und in vielfach schnellerer Aufeinanderfolge ertönt als das gewöhnliche »Zick, zick« und sich gegen den Schluß der Strophe bis zur Raserei steigert. Gleichzeitig aber strömen von allen Seiten her Dohlen nach jener Mauernische und stimmen in höchster Erregung mit gesträubtem Gefieder und in stärkster Drohstellung in das »Jüp-Konzert« ein.

Und was bedeutet das? Etwas höchst Merkwürdiges: das Einschreiten der Allgemeinheit gegen einen Ruhestörer! Zum näheren Verständnis dieser sozialen Reaktionsweise, die angeboren, also rein triebmäßig ist, müssen wir etwas weiter ausholen.

Im allgemeinen wird eine Dohle, die in einer Nisthöhle zickt, nicht so leicht angegriffen, da der Angreifer ihr gegenüber ausgesprochen im Nachteil ist. Nun hat die Dohle *zwei,* ihrer Form wie ihrer Bedeutung nach scharf von einander geschiedene Drohstellungen. Handelt es sich um eine Auseinandersetzung ausschließlich sozial-rangordnungsmäßiger Natur, so drohen die Rivalen in hochaufgereckter Stellung und mit dicht angelegtem Gefieder. Diese Stellung bedeutet die Drohung, in die Höhe und dem Gegner auf den Rücken zu fliegen. Aus ihr entwickelt sich nämlich auch die so vielen anderen Vogelarten gemeinsame Kampfesform, bei der die Partner gegeneinander in die Höhe fliegen und jeder den anderen zu übersteigen und auf den Rücken zu werfen trachtet. Die andere Drohstellung der Dohle ist das gerade Gegenteil der beschriebenen: Der Vogel duckt sich, nimmt Kopf und Hals tief nach unten, so daß ein eigentümlicher Katzenbuckel entsteht, und sträubt aufs äußerste das ganze Gefieder. Der Schwanz wird nach der Seite des Gegners schief gezogen und gefächert. Der Vogel macht sich also so groß, wie er nur irgend kann.

Bedeutet die erste Drohstellung: »Wenn du nicht schleunig Platz machst, werde ich dich fliegend angreifen«, so heißt die zweite: »Ich werde mich hier, wo ich sitze, bis aufs Blut verteidigen, denn ich weiche nicht«. Ein ranghöherer Vogel, der einen untergeordneten in der ersten Drohstellung angeht und vertreiben will, zieht sich im allgemeinen zurück, wenn der Gegner die zweite Drohstellung annimmt. Nur in dem einen Fall, daß er selbst auf eben diesen Platz Wert legt, greift er weiter an und geht dabei auch seinerseits zur zweiten Drohstellung über. So sitzen dann die beiden stets sehr lange einander gegenüber, jeder seinem Gegner die Breitseite und das gefächerte Steuer zukehrend. Sie werden dabei nie wirklich handgemein, sondern führen sitzend wütende und scharfe Schnabelstöße in der Richtung auf den Feind, fauchen hörbar und knappen mit dem Schnabel. Der Ausgang einer solchen Auseinandersetzung wird nur mit der Frage entschieden, wer es länger aushält.

Die gesamte Zick-Zeremonie ist nun zwangsläufig an die zweite, die Platzverteidigung kennzeichnende Drohstellung, gebunden. Die Dohle *kann* gar nicht in irgendeiner anderen Körperhaltung ihr »Zick, zick« ausstoßen! Wie bei allen Tieren, die *Gebiete* abgrenzen, gründet sich auch bei der Dohle der »Besitz« eines »Territoriums« darauf, daß der Vogel »zu Hause« viel intensiver kämpft als auf fremdem Gebiet. Die in ihrer eigenen, angestammten Nisthöhle zickende Dohle ist also von vornherein jedem Eindringling gegenüber gewaltig im Vorteil; dieser wiegt im allgemeinen selbst die größten Rangunterschiede auf, die zwischen den einzelnen Koloniemitgliedern bestehen.

Der scharfe Wettbewerb um den Besitz brauchbarer Nisthöhlen kann es jedoch schon mit sich bringen, daß einmal ein sehr viel stärkerer einen sehr viel schwächeren Vogel in dessen Nisthöhle angreift und ernstlich verprügelt. Und für diesen gar nicht häufigen Sonderfall liegt jene merkwürdige soziale Verhaltensweise bereit, die ich als die »Jüp-Reaktion« bezeichnet habe. Das Zicken des Angegriffenen, des Nestbesitzers, steigert sich zunächst gewaltig und geht dann allmählich in Jüpen über. Wenn seine Gattin nicht schon vorher herbeigeeilt ist zu helfen, so kommt sie jetzt mit gesträubtem Gefieder angesaust, stimmt wütend in das Jüpen ein und greift den Störenfried an. Weicht dieser nicht sofort, so geschieht das Unglaubliche: Sämtliche in Hörweite befindlichen Dohlen stürmen plötzlich laut jüpend nach der Nisthöhle des

Bedrohten, und der ganze Kampf erstickt in einem dichten Dohlenknäuel, in einer orgiastischen Steigerung, einem Crescendo, Accelerando und Fortissimo allgemeinen Jüpens. Nach dieser gewaltigen Entladung ihrer Erregung gehen die Vögel ernüchtert und still wieder auseinander, nur die Nestbesitzer hört man in ihrem nun nicht mehr bedrohten Heime leise zicken.

Den Streit beizulegen genügt es in der Regel schon, daß viele Dohlen bloß zusammenlaufen. Vor allem auch deshalb, weil der ursprüngliche Angreifer *mitjüpt!* Das sieht für den Beobachter, der vermenschlicht, aus, als wollte der Störenfried schlau den Verdacht von sich ablenken, indem er ruft: »Haltet den Dieb!« In Wirklichkeit aber wird der Angreifer von der Jüp-Erregung einfach mitgerissen, er weiß gar nicht, daß *er* die Ursache des Tumultes ist. Und so wendet er sich jüpend nach allen Seiten, als suche auch er den Ruhestörer, das heißt, er sucht ihn ja auch tatsächlich.

Daß der Angreifer von den herbeieilenden Koloniemitgliedern als solcher sehr wohl erkannt und unter Umständen höchst nachdrücklich verprügelt wurde, habe ich wiederholt gesehen. Im Jahre 1928 war der eigentliche Despot der Dohlensiedlung eine Elster; dieser nicht soziale Vogel, der jede einzelne Dohle an Kampfkraft weit übertrifft, drang immer wieder gewaltsam in die Nisthöhlen verschiedener Dohlenpaare und brachte sie dadurch zum Jüpen. Obwohl nun die Elster selbstverständlich »kein Organ« für die Jüp-Reaktion der Dohle hatte und hemmungslos weiterkämpfte, wurde sie doch von den gemeinsam vorgehenden Dohlen so übel zugerichtet, daß sie sich das Eindringen in Dohlennester sehr bald gründlich abgewöhnte und nie-

mals, wie ich ernstlich befürchtet hatte, einer Dohlen-
brut Schaden zufügte.

In erster Linie sind es die alten, starken, ranghohen
Männer, die bei den Jüp- und Schnarr-Reaktionen die
wichtigste Rolle spielen, wie sie denn auch in einer noch
anderen Hinsicht für die Gemeinschaft sorgen.

Im Herbst 1929 ließ sich ein gewaltiger Schwarm zie-
hender Dohlen und Saatkrähen, insgesamt etwa hun-
dertfünfzig bis zweihundert Stück, in nächster Nähe
unseres Hauses auf den Feldern nieder. Und alle meine
diesjährigen und vorjährigen Jungdohlen hatten sich un-
auffindbar und unerkennbar in diesen Schwarm ge-
mengt! Nur wenige alte Vögel waren noch zu Hause. Ich
empfand die Sachlage ausgesprochen als Katastrophe,
denn ich sah da die Arbeit zweier Jahre unwiederbringlich davonfliegen, wußte ich doch, welch überstarke Anziehungskraft eine Wanderschar auf junge Dohlen
ausübt. Denn die vielen schwarzen Flügelpaare bewir-
ken einen wahren Rausch des Mitfliegens; und es wäre
tatsächlich die Arbeit zweier Jahre restlos vernichtet
gewesen, wenn, ja wenn nicht Gelbgrün und Blaugelb
dagewesen wären. Diese beiden alten Männchen, die
einzigen ihrer Altersklasse in der Kolonie, flogen immer
wieder vom Haus weg auf die Wiesen hinunter. Und
dort taten sie etwas so Unglaubliches, daß selbst mich
beinahe Zweifel ankommen wollen, während ich hier
davon schreibe, hätte man diese erstaunliche Verhaltensweise der Alten nicht wiederholt bestätigt, ja sogar experimentell nachgewiesen. Die beiden alten Männchen
suchten nämlich aus dem großen gemischten Schwarm
eine einzelne von »unseren« Dohlen heraus. Dann
brachten sie diese in der ganz bestimmten Weise zum

Auffliegen, die auch Dohleneltern ihren Kindern gegenüber anwenden, wenn es gilt, diese von einem gefährdeten Platz wegzulocken: Der alte Vogel fliegt dem Jungen von hinten her ganz dicht über den Rücken und vollführt in dem Augenblick, da er sich lotrecht über ihm befindet, eine rasche, seitliche Wackelbewegung mit dem eng zusammengefalteten Steuer. Diese »Zeremonie« reißt den sitzenden Vogel mit geradezu reflektorischer Sicherheit mit. So taten denn auch Gelbgrün und Blaugelb, flogen, wie wir schon an Tschok gesehen haben, langsam vor dem nachfolgenden Jungvogel und brachten ihn »wie am Schnürl« nach Hause. Während der ganzen Prozedur stießen die alten Männchen dauernd einen eigenartigen Lockruf aus, der sich von dem gewöhnlichen, kurzen und hellen Flugruf der Dohlen durch seine dumpfe, dunkle Klangfarbe und seine gezogene Länge deutlich unterschied. Klingt der gewöhnliche Ruf wie ein helles »Kja«, so tönt dieser besondere Lockruf wie ein »Kjuh« oder »Kjoh«. Ich hatte diesen Ruf schon gehört, das war mir sofort bewußt, seine Bedeutung aber lernte ich erst jetzt verstehen.

Die beiden alten Dohlenmännchen arbeiteten fieberhaft. Wohldressierte Schäferhunde können nicht eifriger und tüchtiger sein, wenn sie ihre Schafe aus einer größeren Herde absondern und zusammenbringen. Sie arbeiteten pausenlos bis in die tiefe Dämmerung hinein, in der Dohlen normalerweise längst auf ihrem Schlafplatz sitzen. Sie hatten deshalb keine leichte Aufgabe, weil die eben erst mühsam nach Hause gelotsten Jungvögel keinesfalls bleiben wollten, sondern immer wieder zu dem Wanderschwarm auf die Wiese hinunterflogen. Von zehn Jungvögeln, die von den Alten heimgebracht wur-

den, flogen neun wieder fort; aber als spät am Abend
– auf der Wanderschaft schlafen Rabenvögel später als
daheim – die ziehende Schar weiterwanderte, da konnte
ich aufatmend feststellen, daß von unseren vielen Jungdohlen zuletzt nur zwei fehlten.

Dieses eindrucksvolle Ereignis ließ mich nun auf-
merksamer auf die verschiedenen Bedeutungen von
»Kja« und »Kjuh« achten. Bald waren sie mir klar. Beide
Rufe lockten: »Flieg mit!« Aber »Kja« ruft die Dohle,
wenn sie in »Ausfliegestimmung« ist, wenn sie also *von*
der Kolonie weg fliegt. Beim »Kjuh« hingegen liegt die
Betonung auf der Richtung *heimwärts*. Mir war immer
schon aufgefallen, daß Dohlen-Wanderscharen anders,
und zwar *heller* riefen als meine Vögel. Jetzt wußte ich,
warum. Fern der Heimat und völlig losgelöst von der
Brutkolonie *fehlt* den Dohlen das »Kjuh«, das Heimkehrstimmung ausdrückt; so hört man denn unter diesen
Umständen nur den Wanderlaut »Kja«. In diesem Zusammenhang wäre es interessant festzustellen, ob sich
das »Kjuh« auch in Wanderscharen bemerkbar macht,
wenn die Vögel im Frühjahr die Rückreise nach den
Brutplätzen antreten. Im Winter hört man jedenfalls von
Durchzüglern nur das kurze, helle, reine »Kja«, indes
unter der Schar meiner Vögel, auch zu dieser Jahreszeit
in nächster Umgebung der Kolonie eine gewisse Kom-
ponente von Heimkehrstimmung nie ganz fehlt.

Die Rufe »Kja« und »Kjuh« sind ausschließlich Äußerungen der *Stimmung* des betreffenden Vogels, keineswegs eine bewußte Aufforderung an die anderen,
feld- oder heimwärts zu fliegen. Doch wirkt diese völlig
absichtslose Äußerung der eigenen Stimmung in höchstem Maße ansteckend, und zwar genau in derselben

Weise, wie bei den Menschen das Gähnen. Nur diese »gegenseitige Stimmungsansteckung« bewirkt, daß alle Dohlen schließlich doch das gleiche tun, beispielsweise geschlossen heimfliegen. Die »Abstimmung« kann sehr lange dauern, und das Verhalten der Tiere wirkt auf den Menschen in höchstem Grade *unentschlossen,* und zwar zu Recht, denn was den Tieren fehlt, ist ja gerade die Fähigkeit, sich bewußt für eine bestimmte Handlungsweise zu entscheiden, das heißt, alle anderen etwa vorhandenen Impulse zugunsten eines einzigen zu unterdrücken. Es kann den menschlichen Beobachter geradezu nervös machen, wenn so eine Dohlenschar halbe Stunden lang zwischen »Kja- und Kjuh-Stimmung« hin- und hergerissen wird. Da sitzt die Schar einige Kilometer von zu Hause entfernt auf den Feldern. Sie hat aufgehört, Futter zu suchen. Die Vögel werden also bald heimfliegen, »bald« allerdings nur nach Dohlenbegriffen. Fliegen schließlich einige Vögel, meist reaktionsstarke alte, unter Kjuh-Rufen auf, reißen sie zunächst zwar die ganze Schar mit in die Höhe; sind die Tiere aber in der Luft, zeigt sich, daß sehr viele Scharmitglieder noch in Kja-Stimmung sind. Unter nicht enden wollenden Kjuh- und Kja-Rufen kreist die Schar und landet schließlich wieder auf dem Feld, vielleicht sogar weiter von zu Hause weg als sie vorher war. Das wiederholt sich dann ein Dutzend Mal: ganz allmählich nimmt die Kjuh-Komponente zu, und erst wenn sie ein erhebliches Übergewicht erreicht hat, greift die Kjuh-Stimmung in lawinenartigem Anschwellen um sich, und die Vögel fliegen endlich, im buchstäblichen Sinne des Wortes, »einstimmig« nach Hause.

Nach einigen Jahren ereilte meine Dohlenkolonie eine Katastrophe, deren Ursache bis heute im Dunkel blieb.

Um die Verluste des Winterzuges zu vermeiden, hielt ich die Vögel von November bis Februar im Flugkäfig eingesperrt, die ein bezahlter Helfer – er galt als gewissenhaft – versorgte, da ich selbst damals noch in Wien wohnte. Eines Tages waren alle Tiere fort. Das Käfiggitter hatte ein Loch, es mochte vom Winde gerissen worden sein, zwei Dohlen fand man tot, die anderen waren weg. Vielleicht war ein Hausmarder eingedrungen? Ich weiß es nicht.

Dieser Verlust war mir einer der herbsten, die mein tierpflegerisches Mühen betroffen haben.

Und doch trug er auch Gutes ein, nämlich Beobachtungen, die mir sonst wahrscheinlich nie möglich gewesen wären. Dieses Gute begann damit, daß nach drei Tagen *eine* Dohle plötzlich wieder da war: Rotgelb, die Ex-Königin, die erste Dohle, die in Altenberg gebrütet und Junge großgezogen hatte.

Ihr zuliebe, damit sie nicht so einsam sei, zog ich wieder vier junge Dohlen auf, und als sie fliegen konnten, setzte ich sie zu der Rotgelben in den Flugkäfig. Doch übersah ich, in der Eile und beschäftigt mit tausend Dingen, daß der Käfig wiederum ein großes Loch im Gitter hatte. Und noch ehe sie an die Rotgelbe gewöhnt waren, kamen alle vier Jungen gleichzeitig frei: In dicht geschlossenem Schwarm, vergeblich beieinander Führung suchend, kreisten sie hoch und höher und landeten schließlich oben am Bergeshang, weit von zu Hause weg und mitten in dichten Buchenbeständen. Dort konnte ich nicht an sie heran, und da die Vögel nicht gewohnt waren, auf meinen Ruf zu hören und mir nachzufliegen, hatte ich keine Hoffnung, sie je wiederzusehen. Gewiß, die Rotgelbe hätte sie mit Kjuh-Rufen heimbringen können; alte Tiere, die »consules«, sorgen sich ja um *jedes* jüngere Koloniemitglied, das im Begriff ist, sich zu verfliegen. Aber Rotgelb betrachtete die vier Jungen eben noch nicht als Koloniemitglieder, da sie erst knapp einen halben Tag mit ihr zusammen waren. Da kam mir in meiner Verzweiflung ein genialer Einfall!

Ich kletterte in den Bodenraum zurück und kam im nächsten Augenblick wieder herausgekrochen. Unterm Arm hatte ich eine riesige schwarzgelbe Fahne, die zu vielen Geburtstagen des alten Franz Josef auf dem Hause meines Vaters geweht hatte. Und auf meines Daches Zinnen, ganz oben beim Blitzableiter stehend, schwenkte ich nun verzweifelt diesen politischen Anachronismus. Was wollte ich damit? Ich versuchte durch dieses Schrecknis die Rotgelbe so hoch in die Luft hinauf zu treiben, daß die Jungen vom Walde her ihrer ansichtig würden und zu rufen begännen. Dann, so hoffte ich, würde die Alte vielleicht mit einer Kjuh-Reaktion antworten und die Verlorenen nach Hause holen.

Die Rotgelbe kreiste hoch droben, aber noch nicht hoch genug. Ich stieß ein Indianergeheul nach dem anderen aus und schwenkte Franz Josefs Banner wie ein Irrer. In der Dorfstraße begannen sich Leute zu sammeln. Ich verschob aber die Erklärung meines Tuns auf später und schwenkte und brüllte weiter. Rotgelb stieg noch ein paar Meter höher. Und da rief auch schon eine junge Dohle auf dem Berghang. Ich stellte mein Fahnenschwenken ein und sah schnaufend nach oben, wo die alte Dohle kreiste. Und, bei allen vogelköpfigen Göttern Ägyptens, sie änderte ihren Flügelschlag, sie begann aufs neue zu steigen, sehr entschlossen, sie nahm die Richtung nach dem Walde und – kjuh, rief sie, kjuh ... kommt zurück, kommt zurück! Ich wickelte so rasch ich konnte die Fahne zusammen und verschwand fluchtartig in der Bodenluke.

Zehn Minuten später waren alle vier Kinder wieder zu Hause, samt der Rotgelben. Die war ebenso müde wie ich. Die vier Dohlenjungen aber hat sie von da an treu gehütet und nicht mehr davonfliegen lassen. Aus den vier jungen Dohlen wurde mit den Jahren eine volkreiche Kolonie, an deren Spitze eine Frau stand, eben die Rotgelbe. Da der Altersunterschied zwischen ihr und den übrigen Vögeln sehr groß war, hatte sie mehr »Autorität« unter den anderen Dohlen als sonst ein Koloniedespot. In der Fähigkeit, die Schar zusammenzuhalten, übertraf Rotgelb alle anderen Herrscher, die meine Siedlung je vorher gehabt hatte. Getreulich hütete sie alle jungen Dohlen, allen war sie Mutter, denn sie selbst hatte ja keine Kinder.

Es wäre stimmungsvoll, den Lebensroman der Dohle Rotgelb hier zu schließen: Die ehelose Vestalin als selbstlose Hüterin des allgemeinen Wohles ..., das gäbe vielleicht keinen üblen Ausklang. Was aber *wirklich* noch geschah, ist ein so kitschiges Happy-End, daß ich mich kaum getraue, es zu erzählen.

Drei Jahre nach der großen Dohlenkatastrophe, an einem sonnigen, windigen Vorfrühlingstag, einem richtigen Vogelzugtag also, da hoch am Himmel eine Wanderschar von Dohlen und Saatkrähen nach der anderen vorüberzog, löste sich aus einer dieser Scharen ein flügelloses, torpedoförmiges Projektil und stürzte in sausendem Falle herab. Aber dicht über unserem Hausdach wurde das Projektil zum Vogel, der seinen Sturz mit leichtem Schwung abfing und schwerelos auf der Wetterfahne landete. Dort saß nun ein riesengroßer Dohlenmann mit blauglänzenden Schwingen und einer so prächtigen, seidigen, fast weiß schimmernden Nackenmähne, wie ich sie nie vorher an einer Dohle gesehen hatte.

Und Rotgelb die Königin, Rotgelb die Despotin, kapitulierte ohne einen Streich. Aus dem herrschsüchtigen Mannweib wurde schlagartig wieder ein schüchternes, unterwürfiges Mädchen, das so schön mit dem Schwanz wackelte und so reizend mit den Flügeln zitterte, wie nur irgendeine junge Dohlenbraut. Schon wenige Stunden nach dem Eintreffen des Männchens waren beide ein Herz und eine Seele und benahmen sich völlig wie ein langverheiratetes Paar. Sehr interessant war, daß das große Männchen so gut wie keine Kämpfe mit den anderen Dohlen zu bestehen hatte. Seine Anerkennung als Despot durch den bisherigen Herrscher schien ihn für alle Koloniemitglieder als »Nummer Eins« zu kennzeichnen. Nur noch von Hunden kenne ich Ähnliches!

Ich habe keinen wissenschaftlich unangreifbaren Beweis dafür, daß jener alte Dohlenmann Gelbgrün gewesen ist, der verlorene Gatte der Rotgelben. Die bunten Zelluloidringe waren längst zerbrochen und abgefallen, auch Rotgelb hatte sie seit langem verloren. Aber ein Mitglied der alten Kolonie war der Vogel zweifellos, das bewies seine Zahmheit und die Bedenkenlosigkeit, mit der er in das Innere des Bodenraumes ging. Wild aufgewachsene Dohlen, die sich bei uns ansiedelten, benahmen sich stets ganz anders. Einer von den vier oder fünf Ältesten, von den »consules« der ersten Kolonie war er sicher. Doch ich glaube – und hoffe –, daß der alte Recke tatsächlich der Gelbgrüne war.

Die beiden haben noch viele junge Dohlen erbrütet und aufgezogen. Heute gibt es in Altenberg mehr Dohlen als Nisthöhlen. In jeder Mauernische, in jedem Rauchfang steht ein Nest.

Lange vor dem letzten Krieg hat mein Vater in seiner Selbstbiographie von den Altenberger Dohlen geschrieben: »Schwärme dieser schwarzen Gesellen umfliegen besonders gegen Abend die hohen Giebel und verständigen sich untereinander mit eindringlichen Rufen. Manchmal glaube ich sie zu verstehen: Als heimattreue und zeitlose Gesellen werden wir unseren Horst umfliegen, solange noch ein Stein auf dem anderen liegt und uns Schutz gewährt.«

Die zeitlosen Gesellen! In der Tat, es ist etwas von der Zeitlosigkeit der Dohle, das unser Gemüt in einer besonderen Weise anspricht. Wenn die Dohlen im Herbst oder an einem milden Wintertage ihre Frühlingslieder anstimmen, wenn sie ihr tolles Spiel mit den Gewalten des Sturmes treiben, so haben sie für mich immer etwas von jenem Gefühlswert, den das Tannengrün im Schnee oder das Zaunkönigslied an einem klaren Frosttage hat, von dem Gefühlswert der den Tannenbaum zum Symbol der Hoffnung und Beständigkeit werden ließ.

Tschok ist längst verschwunden, ereilt von unbekanntem Schicksal. Rotgelb wurde in hohem Alter von einem lieben Nachbarn mit einem Kleinkalibergewehr erschossen, ich fand sie tot im Garten ... Doch die Dohlenkolonie in Altenberg lebt. Dohlen fliegen um Altenberg, sie fliegen genau dieselben Wege, die Tschok als erste fand, sie benutzen, um Höhe zu gewinnen, die gleichen Aufwindstellen, deren Verwendbarkeit Tschok als erste erlernte. Sie folgen getreu allen Traditionen, die in der ersten Kolonie herrschten und die durch Rotgelb in die jetzige hinübergerettet wurden ...

Wie dankbar wollte ich meinem Schicksal sein, fände auch ich in meinem Leben nur einen einzigen Weg, der Generationen nach mir noch von Artgenossen beschritten wird, geschweige denn einen »Aufwind«, der in späterer Zukunft irgendeinem Menschen dazu helfen könnte, »Höhe zu gewinnen«.

Salomos Ring

Der König Salomo, so steht geschrieben, redete mit dem Vieh, den Vögeln, den Fischen und dem Gewürm. Das kann ich auch. Zwar nicht mit allem Getier, wie der alte König es gekonnt haben soll, zugegeben, daß ich ihm darin unterlegen bin. Aber ich rede mit einigen Arten, die ich gut kenne; ich brauche dazu jedoch keinen Zauberring. In dieser Hinsicht bin ich wiederum dem alten König überlegen, zumal dieser ohne seinen Ring nicht einmal die Sprache der ihm am besten vertrauten Tiere verstanden hätte. Und als er den Ring nicht mehr besaß, verhärtete sich sogar sein Herz gegen die Tierwelt. Salomo soll den Zauberring nämlich im Zorn weggeworfen haben, als ihm eine Nachtigall verriet, daß eine seiner neunhundertneunundneunzig Frauen einen Jüngeren liebe. So wenigstens erzählt dies J. V. Widmann in seiner reizenden Legende ›Der Heilige und die Tiere‹.

Das mag nun sehr weise oder sehr dumm von Salomo gewesen sein; ich für meine Person finde es jedenfalls unsportlich, im Verkehr mit Tieren Zauberringe zu benützen. Ohne jede Zauberei erzählen einem die lebendigen Wesen die schönsten Geschichten, nämlich solche, die wahr sind. Und die Wahrheit ist in der Natur immer noch viel schöner als alles, was unsere Dichter, die einzigen wirklichen Zauberer, die es gibt, sich je ausdenken können.

Es ist nichts Besonderes, das »Vokabularium« einiger Tierarten zu verstehen. Wir können auch *zu* den Tieren sprechen, wenigstens soweit dies im Bereiche der Möglichkeiten unserer physischen Ausdrucksmittel liegt und soferne die Tiere ihrerseits bereit sind, mit uns Kontakt aufzunehmen. Man muß aber dann auch aufpassen, daß man sich nicht *verspricht,* wie es meinem Freunde Alfred Seitz einmal unterlaufen ist. Wir drehten damals, an einem Frühsommertag, gerade unseren Graugansfilm in den Auen der Donau. Langsam zogen wir durch eine jungfräuliche Urlandschaft von Wasser, Weiden und Schilf, langsam, sehr langsam, denn unser Marschtempo entsprach der Höchstgeschwindigkeit der dreizehn jungen Stockenten und der neun kleinen Graugänse, die in langer Kolonne hinter uns herwanderten. Schließlich hatten wir einen schönen, malerischen Platz erreicht, der Alfred für seine Aufnahmen paßte. Er widmete sich sofort seinem Geschäft, und auch ich richtete mich für die wissenschaftliche Leitung des ganzen Unternehmens ein. Die bestand im Augenblick darin, daß ich mich auf einem Inselchen im Grase sonnte. Alfred stand bis an den Bauch im Wasser und lauerte mit Kamera, Augen und Viechsgeduld. Die Sonne brannte, die Libellen surrten, die Wasserfrösche quarrten. Allmählich schlief ich ein und hörte nur noch wie aus weiter Ferne, daß Alfred mit den Enten schimpfte, die immer wieder zur Unzeit ins Bild geschwommen kamen. Während ich noch schwer mit dem Entschluß rang, aufzustehen und die Entlein wegzulocken, hörte ich plötzlich Alfred gereizt und bestimmt sagen: »Rangangang, rang ... ah, will sagen, Quähg, gegegeg, – quähg, gegeg ...« Er hatte sich *versprochen,* indem er nämlich die Enten versehentlich »auf Graugänsisch« angeredet hatte! Freund Alfred sagte natürlich die Laute mit vollendetem graugänsischem respektive stockentischem Akzent. Eben darum wirkte das dazwischengeschaltete »ah, will sagen« so unwiderstehlich komisch.

Eine Sprache im eigentlichen Sinne des Wortes jedoch haben die Tiere nicht. Jedem Individuum einer höheren Tierart, vor allem einer gesellschaftlich lebenden wie Dohle oder Graugans, ist ein ganzer Signalkodex von Ausdrucksbewegungen und -lauten angeboren. Und angeboren ist sowohl die Fähigkeit, diese Signale auszusenden, als auch die, sie richtig zu »verstehen«, das heißt, in arterhaltend sinnvoller Weise zu beantworten. Mit diesen Erkenntnissen, die durch viele Beobachtungen und Experimente gesichert sind, geht ein großer Teil der Ähnlichkeit verloren, die alle tierischen »Verständigungsmittel« bei oberflächlicher Betrachtung mit der menschlichen Wortsprache haben. Diese Ähnlichkeit vermindert sich noch weiter, wenn einem allmählich klar wird, daß das Tier in allen Lautäußerungen und Ausdrucksbewegungen keineswegs die bewußte *Absicht* hat, einen Artgenossen durch sie zu beeinflussen. Auch allein aufgezogene und gehaltene Graugänse, Stockenten oder Dohlen geben alle diese Signale von sich, sobald sie die betreffende Stimmung anwandelt. Der Vorgang wirkt dann sehr zwangsläufig und »mechanisch«, also ausgesprochen *wenig* menschenähnlich.

Auch im menschlichen Verhalten gibt es mimische Zeichen, die zwangsläufig eine Stimmung übertragen: Du mußt gähnen, wenn dir jemand vorgähnt, um nur das bekannteste Beispiel zu nennen. Freilich sind die mimischen Zeichen, durch die sich etwa die Gähnstimmung des Menschen äußert, leicht wahrnehmbare und verhältnismäßig starke Reize, deren auslösende Wirkung nicht unverständlich dünkt. Doch bedarf es im allgemeinen keineswegs solch grober und sinnfälliger Signale, eine Stimmung zu übertragen. Im Gegenteil: Es charakterisiert geradezu diesen Vorgang, daß er auf ungemein feine, geringfügige und der bewußten Beobachtung oft gar nicht zugängliche Ausdrucksbewegungen anspricht. Der geheimnisvolle Sende- und Empfangsapparat, der die unbewußte Übertragung von Gefühlen und Affekten vermittelt, ist uralt, viel älter als die Menschheit. Er hat sich bei uns zweifellos in dem Maße zurückgebildet, in dem sich unsere Wortsprache entwickelte. Der Mensch bedarf nicht winzigster Intentionsbewegungen, seine jeweilige Stimmung mitzuteilen, er kann es ja sagen. Dohlen oder Hunde aber sind darauf angewiesen, einander »an den Augen abzulesen«, was jeder im nächsten Augenblick tun wird. Deshalb ist bei höheren und gesellschaftlich lebenden Tieren sowohl der Sende- wie der Empfangsapparat der Stimmungsübertragung viel besser entwickelt und viel spezialisierter als bei uns Menschen. Alle Ausdruckslaute der Tiere, wie das Kja und Kjuh der Dohle, der viel- und der wenigsilbige Stimmfühlungslaut der Graugans, all das ist unserer Wortsprache nicht vergleichbar, sondern ausschließlich solchen Stimmungsäußerungen wie Gähnen, Stirnrunzeln, Lächeln und dergleichen, die unbewußt und angeborenermaßen »geäußert« und ebenso verstanden werden. Die »Worte« der verschiedenen Tier-»Sprachen« sind sozusagen nur *Interjektionen.*

Mag zwar der Mensch ebenfalls über zahlreiche Nuancen unbewußter Mimik verfügen, kein Josef Kainz oder Emil Jannings wäre imstande, in diesem Sinne mimisch allein klarzumachen, ob er zu Fuß gehen oder fliegen will, wie es die Graugans kann, oder anzudeuten, ob er nach Hause oder noch weiter weg fahren will, wie es eine Dohle ohne weiteres fertigbringt. Ist so der Sendeapparat der Tiere bedeutend leistungsfähiger als der des Menschen, kann das gleiche auch vom Empfangsapparat der Stimmungsübertragung gesagt werden. Dieser vermag nicht nur eine größere Anzahl Signale selektiv auseinanderzuhalten, er spricht auch, um das naheliegende Gleichnis beizubehalten, auf viel geringere Sendeenergien an als der unsere. Unglaublich, welch minimale, dem Menschen völlig unbemerkbare Zeichen die Tiere noch aufnehmen und richtig verwerten. Fliegt aus einer Dohlenschar, die am Boden Futter sucht, eine einzelne nur deshalb auf, um sich auf den nächsten Apfelbaum zu setzen und das Gefieder zu putzen, so sieht von den anderen keine auch nur hin. Fliegt sie aber auf, um eine längere Strecke zurückzulegen, so fliegt, je nach »Autorität« des betreffenden Scharmitgliedes, sein Ehegespons oder auch eine größere Gruppe Dohlen mit, obwohl der Auffliegende nicht ein einziges »Kja« geäußert hat.

Ist in diesen Fällen ein sehr guter Dohlenkenner immerhin noch imstande, es den Tieren gleichzutun, feinste Anzeichen sinngemäß aufzufassen, so ist es in anderen nicht mehr möglich. Schon der »Empfänger« des Hundes übertrifft unsere analogen Fähigkeiten weitaus. Jeder Hundekenner weiß, mit welch geradezu unheimlicher Sicherheit ein treuer Hund es seinem Herrn ansieht, ob er das Zimmer zu irgendeinem für den Hund uninteressanten Zweck verläßt oder ob der heiß ersehnte Spaziergang winkt. Manche Hunde aber leisten in dieser Hinsicht noch viel mehr. So wußte meine Schäferhündin Tito, die Urururururgroßmutter des Hundes, den ich jetzt besitze, auf »telepathischem« Wege ganz genau, *welcher* Mensch mir auf die Nerven ging und *wann*. Sie war durch nichts daran zu hindern, solche Leute sanft aber bestimmt in den Hintern zu beißen. Besonders gefährlich war es für autoritative ältere Herren, mir gegenüber in Diskussionen die bekannte »Überhaupt-du-bist-zu-jung«-Attitüde einzunehmen: Äußerte ein Fremder derartiges, griff er alsbald erschrocken nach der Stelle, an der ihn Tito pünktlich gestraft hatte. Ganz unerklärlich war mir, daß die Sache auch dann verläßlich funktionierte, wenn die Hündin unter dem Tisch lag, also Gesichter und Gebärden der Menschen nicht sehen konnte; woher wußte sie also, wer mit wem sprach, wer mein Meinungsgegner war?

Dieses feine Verstehen der jeweiligen Stimmung des Herrn ist natürlich keine »Telepathie«. Manche Tiere haben eben die Fähigkeit, erstaunlich kleine Bewegungen wahrzunehmen, die sich dem menschlichen Auge entziehen. Und ein Hund, der mit konzentriertester Aufmerksamkeit darauf bedacht ist, seinem Herrn zu Diensten zu sein, der buchstäblich dauernd »an seinen Lippen hängt«, bringt es darin besonders weit. Aber auch Pferde leisten in dieser Hinsicht Beachtliches. So mag es denn hier angebracht sein, von einigen Kunststücken zu reden, die einzelnen Tieren sogar eine Art Berühmtheit eingetragen haben. Manchem wird noch der »Kluge Hans« in Erinnerung sein; auch andere »denkende Pferde« hat es gegeben, die sogar Kubikwurzeln ausrechnen konnten, ja, der Wunderhund Rolf, ein Airedale Terrier, hat es soweit gebracht, daß er seiner Herrin sein Testament diktierte.

Alle diese zählenden, redenden und denkenden Tiere »sprechen« in Klopfzeichen oder Bell-Lauten, deren Bedeutung nach Art eines Morse-Alphabets festgelegt ist. Die Darbietungen sind auf den ersten Blick wirklich verblüffend. Du wirst aufgefordert, selbst zu prüfen. Man stellt dich dem braven Roß, Dackel, oder welches Tier es sonst ist, gegenüber. Du fragst, wieviel ist zwei mal zwei; der Dackel schaut dich scharf an und bellt viermal. Noch erstaunlicher wirkt das Pferd, weil es einen bei seinem Klopfen nicht einmal zu beachten scheint; Pferde sehen nämlich auch dort, wohin sie nicht gerade »fixieren«, im sogenannten indirekten Sehen, kleinste Bewegungen ungemein genau. Du selbst bist es nämlich, der dem »denkenden« Tier die richtige Lösung durch ungewollte Mitteilung kleinster Zeichen verrät. Weiß man selbst die Lösung der Aufgabe nicht, so bellt oder klopft das arme Tier verzweifelt immer weiter, vergebens auf ein Zeichen wartend, das ihm sagt, es habe genug getan. Doch sind die wenigsten Menschen auch bei äußerster Anspannung der Selbstbeobachtung und Selbstbeherrschung imstande, diese unbewußte und ungewollte Zeichengebung zu verhindern.

Daß es nur der Mensch ist, der die Lösung findet und dem angeblich denkenden Tier übermittelt, hat einer meiner Kollegen einmal an einem sehr berühmt gewordenen Dackel nachgewiesen, der einer ältlichen Jungfrau gehörte. Die Methode war perfid: Auf der Vorderseite eines Täfelchens, das aus mehreren Lagen durchscheinenden Papiers zusammengeklebt war, stand in fetten Ziffern eine einfache Rechenaufgabe; von hinten her aber konnte man im durchfallenden Licht eine *andere* gerade noch durchscheinen sehen. Als die Dame nun ihrem Hund diese Täfelchen vorhielt, bellte er immer nur die Lösungen, die den seiner Herrin sichtbaren Aufgaben entsprachen, nicht aber denen, die das Tier selbst hätte lesen können. Am Schluß präsentierte mein Freund dem Dackel ein Papier, das mit dem Duft einer liebesbrünstigen Dackeline imprägniert war. Der Dackel schnupperte erregt, winselte und wedelte mit dem Schwanz. *Er* wußte genau, was er da roch! Nicht aber seine Herrin. Als sie den Hund befragte, wonach das Papierchen rieche, morste der Dackel prompt: »nach Käse«!!

Die geradezu enorme Empfindsamkeit mancher Tiere für bestimmte, kleinste Ausdrucksbewegungen, etwa wie die beschriebene Fähigkeit des Hundes, freundliche oder feindselige Gefühle zu bemerken, die sein Herr einem anderen Menschen entgegenbringt, ist natürlich höchst wunderbar. Es liegt daher für den naiv vermenschlichenden Beobachter nahe zu glauben, ein Wesen, das »sogar« solche innersten, unausgesprochenen Gedanken errät, müsse »erst recht« jedes Wort verstehen, das der geliebte Herr spricht. Man vergißt jedoch dabei, daß die Fähigkeit, feinste Ausdrucksbewegungen zu verstehen, bei sozialen Tieren ja gerade deshalb so auf die Spitze getrieben ist, weil sie Worte *nicht* verstehen, weil sie eben nicht sprechen können.

Kein Tier sagt jemals irgend etwas in der bewußten Absicht, seinen Artgenossen zu einer bestimmten Verhaltensweise zu veranlassen. Alle Ausdrucksbewegungen und -laute, die tierische »Verständigung« vermitteln, werden vom »Sender« als reine Interjektionen geäußert.

Wenn dein Hund dich mit der Nase stößt, winselt, zur Tür läuft und daran kratzt oder die Pfoten auf die Muschel des Ausgusses unter der Wasserleitung legt und sich fragend umsieht, so tut er damit etwas, das dem menschlichen Sprechen unvergleichlich näher kommt als alles, was eine Dohle oder eine Graugans je »sagen« kann, so klar »verständlich« und zweckentsprechend jene fein differenzierten Ausdruckslaute auch sind. Der Hund will dich veranlassen, die Tür zu öffnen oder den Wasserleitungshahn aufzudrehen, was er tut, ist bewußte, zweckgerichtete Beeinflussung des menschlichen Freundes; die Dohle oder die Graugans aber gibt nur völlig unbewußt ihrer inneren Stimmung Ausdruck, das »Kjuh« oder »Kja« oder der Warnlaut »entfährt« ihr ohne Absicht, sie muß ihn in der betreffenden Stimmung sagen, sie kann ihn gar nicht unterdrücken, und sie sagt ihn auch genauso, wenn sie ganz allein ist.

Außerdem ist das, was der Hund tut, *erlernt* und *einsichtig,* was die Vögel tun und sagen aber ist restlos angeboren und vererbt. Jeder einzelne Hund hat andere Methoden, sich seinem Herrn verständlich zu machen, und auch ein und derselbe Hund wird je nach der augenblicklichen Situation andere Mittel anwenden, um dieses Ziel zu erreichen. Meine Hündin Stasi hatte einmal etwas gefressen, was ihr nicht bekam, weshalb sie in der Nacht »hinaus« mußte. Ich war damals überanstrengt und schlief sehr fest; so gelang es ihr nicht, mich mit ihren üblichen Signalen zu wecken und ihr Bedürfnis anzuzeigen. Als sie mich mit der Nase stupste und winselte, hatte ich mich offenbar nur noch tiefer in Kissen und Decken gewühlt. Da sprang sie kurz entschlossen auf mein Bett, grub mich mit den Vorderpfoten aus und wälzte mich einfach aus dem Bett.

Eine derartige, dem augenblicklich verfolgten Zweck

angepaßte Veränderlichkeit fehlt den Ausdrucksbewegungen und Signallauten der Vögel vollständig.

Papageien und viele Rabenvögel können bekanntlich »sprechen«, also menschliche Worte nachahmen; dabei ist allerdings zuweilen auch eine Gedankenverbindung zwischen den Lauten und bestimmten Erlebnissen möglich. Diese Nachahmung ist nichts anderes als das sogenannte *Spotten,* das wir bei vielen Singvögeln finden; Gelbspötter, rotrückiger Würger, Blaukehlchen, Star und andere sind darin Meister. Die *gespotteten,* also nicht angeborenen Laute äußern die betreffenden Vögel *nur im Gesang,* ohne jede Beziehung zu der Bedeutung der einzelnen Vokabeln. Das gilt auch für Stare, Elstern und Dohlen, die es im Nachahmen menschlicher Worte beachtlich weit bringen.

Anders ist es um das »Sprechen« der großen Raben und vor allem der großen Papageien bestellt. Auch ihr Sprechen menschlicher Wörter trägt deutlich jenen Charakter des absichtslos Spielerischen, der dem Gesange anderer und geistig weniger hochstehender Vögel zukommt, doch haben sich die einzelnen Lautäußerungen der Raben und Papageien merkwürdig unabhängig gemacht: Es ist unverkennbar, daß ganz bestimmte und beinahe (beinahe!) sinnvolle Gedankenverbindungen vorhanden sind.

Viele Graupapageien und manche Amazonen sagen »Guten Morgen« nur in der Frühe, und zwar nur *einmal,* also ganz sinngemäß. Otto Koehler besaß einen uralten Graupapagei, der dem Laster des Federrupfens frönte und daher fast nackt war und auf den Namen »Geier« hörte. Geier war beileibe nicht schön, versöhnte aber durch seine Sprachbegabung. Er sagte »Guten Morgen« und »Guten Abend« völlig sinngemäß, und wenn ein Besuch aufstand, um sich zu verabschieden, sagte er mit wohlwollend tiefer Bierstimme »Na, auf Wiedersehen«. Wohlgemerkt: Nur wenn man aufstand und sich wirklich verabschiedete. Wie denkende Hunde war auch er auf feinste, unbewußt gegebene Zeichen, daß es »ernst gemeint« ist, eingestellt; auf welche Zeichen – das haben wir nie herausgebracht. Kein einziges Mal gelang es, die Redewendung durch einen *fingierten* Abschied zu provozieren. Ging man jedoch dann wirklich und verabschiedete man sich noch so unauffällig: prompt und wie zum Spotte bekam man zu hören »Na, auf Wiedersehen«.

Der bekannte Berliner Ornithologe Oberst von Lukanus besaß auch einen Graupapagei, der durch seine Gedächtnisleistung berühmt geworden war. Lukanus hielt neben anderen Vögeln auch einen zahmen Wiedehopf, namens »Höpfchen«; der Papagei, der gut sprechen konnte, hatte sich bald dieses Wort angeeignet. Wiedehöpfe leben leider in Gefangenschaft nicht lange, wohl aber Graupapageien. Höpfchen ging also nach einiger Zeit den Weg alles Irdischen, und der Papagei schien seinen Namen vergessen zu haben; jedenfalls hatte er ihn niemals mehr gesagt. Nach sage und schreibe neun Jahren bekam Oberst von Lukanus einen neuen Wiedehopf, und als der Papagei ihn zum ersten Male erblickte, sagte er sofort und dann wiederholt: »Höpfchen« ... »Höpfchen« ...

So zähe das Gedächtnis dieser langbeinigen Vögel festhält, was sie einmal erlernt haben, so langsam lernen sie im allgemeinen auch. Jeder, der einem Star oder einem Papagei ein neues Wort beibringen will, weiß, mit welcher Geduld man sich dazu wappnen, wie unermüdlich man ihm das Wort wieder und wieder vorsprechen muß. Und dennoch können solche Vögel ausnahmsweise ein Wort nachahmen lernen, das sie nur selten, ja vielleicht nur ein einziges Mal gehört haben. Das scheint aber nur in »Ausnahmszuständen« höchster Erregung zu gelingen; ich selbst kenne nur zwei verbürgte Beobachtungen.

Mein Bruder besaß jahrelang einen reizenden, zahmen, lebhaften und außerordentlich sprachbegabten Amazonenpapagei, namens »Papagallo«. Papagallo flog, solange er bei uns in Altenberg lebte, ebenso frei umher wie alle anderen Vögel. Ein gut sprechender Papagei, der frei von Baum zu Baum fliegt und dabei menschliche Worte sagt, wirkt noch viel komischer als einer, der im Käfig sitzt und das gleiche tut. Wenn Papagallo mit lauten Rufen »Wo ist denn der Herr Doktor« durch die Gegend flog, manchmal auch wirklich auf der Suche nach seinem Herrn, so war das einfach unwiderstehlich.

Noch komischer, aber auch in ernstem Sinne merkwürdig, war folgende Leistung des Vogels: Papagallo fürchtete nichts und niemanden – ausgenommen den Rauchfangkehrer. Vögel fürchten sich überhaupt leicht vor Dingen, die *oben* sind, was wohl mit der angeborenen Furcht vor dem von oben herabstoßenden Raubvogel zu tun hat. So hat alles, was sich gegen den Himmel abhebt, für sie etwas von der Gefühlstönung »Raubvogel«. Als der schwarze Mann, an sich schon unheimlich dunkel von anderen Menschen verschieden, auf dem Schornstein stehend sich gegen den Himmel abzeichnete, geriet Papagallo in panischen Schrecken und flog laut kreischend davon, so weit, daß wir um seine Rückkehr besorgt waren. Monate später, als der Rauchfangkehrer zum andern Male kam, saß Papagallo auf der Wetterfahne und ärgerte sich über Dohlen, die sich ebenfalls dorthin setzen wollten. Auf einmal sah ich ihn schlank werden und ängstlich nach unten äugend sichern, dann flog er auf und davon und schrie ununterbrochen in gellenden Tönen: »Der Rauchfangkehrer kommt, der Rauchfangkehrer kommt«. Im nächsten Augenblick trat der Schwarze durch das Hoftor.

Leider gelang es mir nicht mehr, klar festzustellen, wie oft Papagallo den Rauchfangkehrer vorher gesehen hatte und wie oft er den aufgeregten Ruf unserer Köchin gehört hatte, der sein Kommen anzeigte. Es war nämlich eindeutig die Stimme dieser Dame, die aus seinen Worten klang. Öfter als zwei, höchstens drei Mal ist es aber sicher nicht gewesen, und zwar jeweils nur einmal und in Abständen von Monaten.

Der zweite mir bekannte Fall, in dem ein »sprechender« Vogel menschliche Worte, und zwar wiederum einen ganzen Satz, nach einmaligem oder doch nur einige wenige Male wiederholtem Hören aufgenommen hat, betrifft eine Nebelkrähe. »Hansl«, so hieß das Tier, konnte es an Sprechbegabung mit dem talentiertesten Papagei aufnehmen. Hansl war von einem Bahnbeamten im Nachbarort St. Andrä-Wördern aufgezogen worden, flog völlig frei und hatte sich zu einem ansehnlichen und gesunden Vogel ausgewachsen, ein gutes Zeugnis für die pflegerischen Fähigkeiten seines Nährvaters; entgegen verbreiteter Meinung sind nämlich Krähen nicht leicht aufzuziehen und entwickeln sich bei der Behandlung, die ihnen meist zuteil wird, nur zu jenen verkrüppelten »Hans-Huckebein«, wie sie Wilhelm Busch so mitleidlos darstellt. Eines Tages brachten mir Dorfbuben eine gänzlich verdreckte Nebelkrähe, deren Schwingen und Schwanz bis auf winzige Stummeln gestutzt waren, so daß ich in ihr kaum mehr den schönen Hansl zu erkennen vermochte. Ich kaufte den Vogel, wie ich grundsätzlich alles arme Viehzeug kaufe, das die Dorfbuben bringen, teils aus Mitleid, teils, weil einmal auch etwas wirklich Seltenes unter den angeschleppten Viechern sein könnte. Dann rief ich Hansls Herrn an, der mir erzählte, daß der Vogel tatsächlich seit einigen Tagen fehle, und mich bat, ihn bis zur nächsten Mauser in Pflege zu nehmen. Ich setzte also die Krähe in die Fasanenvoliere und gab ihr Kraftfutter, damit sie in der bald zu erwartenden Mauser gute neue Schwung- und Steuerfedern bekäme. Schon in dieser Zeit, da das Tier notgedrungen Gefangener war, lernte ich Hansl als überraschenden Sprechkünstler kennen. Was bekam ich da nicht alles zu hören! Vor allem natürlich, was so eine zahme Nebelkrähe, die auf einem Baum unmittelbar an der Dorfstraße sitzt, selbst zu hören bekommt, nämlich, was die Dorfbuben zu ihr sagen. In unverfälschtem Niederösterreichisch deklamierte Hansl: »Geh hörst, kumm her, geh schau, da sitzt er, geh hörst, geh Ferdl, geh schau, da sitzt er!« usw. Ich hatte die Freude, den netten Vogel in der nächsten Mauser wieder gesundet zu sehen und ließ ihn frei, soweit er voll flugfähig war. Er kehrte sofort zu seinem früheren Herrn nach Wördern zurück, besuchte uns aber weiterhin regelmäßig, ein gern gesehener Gast. Einmal war er mehrere Wochen hindurch verschwunden. Und als er wiederkehrte, bemerkte ich an einem Fuß eine gebrochene Hinterzehe, die schief zusammengewachsen war. Und diese gebrochene Zehe ist die Pointe der ganzen Geschichte von Hansl, der sprechenden Nebelkrähe. Wir wissen nämlich, woher er den kleinen Schönheitsfehler hatte. Und von wem wissen wir das? Man mag es glauben oder nicht: *Hansl hat es uns erzählt!* Als er nämlich nach der erwähnten längeren Abwesenheit plötzlich wieder da war, konnte er einen neuen Satz. Mit Lausbubenstimme sagte er die inhaltsschweren Worte: »Mit 'm Schlageisen ham's ihn g'fangt!«

An der Wahrheit dieser Mitteilung war nicht zu zweifeln. Genau wie dem Papagallo hat sich unserm Hansl der Satz, den er gewiß nicht oft gehört hatte, deshalb eingeprägt, weil ihn das Tier in großer Erregung, also offenbar unmittelbar nachdem es gefangen worden war, gehört hatte. Wie er wieder freigekommen ist, hat uns Hansl leider nicht erzählt.

In solchen Fällen schwört ein vermenschlichender Tierfreund Stein und Bein, daß der Vogel versteht, was er sagt. Davon ist natürlich keine Rede. Auch die am besten »sprechenden« Vögel, die, wie wir gesehen haben, wohl imstande sind, ihre Lautäußerungen durch sehr bestimmte Gedankenverbindungen an gewisse Geschehnisse zu knüpfen, lernen es merkwürdigerweise niemals, mit ihrem Können auch nur den einfachsten Zweck zu verknüpfen.

Otto Koehler, der die größten Erfolge in der wissenschaftlichen Dressur von Vögeln zu verzeichnen hat, der Mann, dem es gelungen ist, Haustauben so abzurichten, daß sie wirklich bis sechs zählen können, hat auch versucht, seinen schon erwähnten hochbegabten Graupapagei ›Geier‹ darauf zu dressieren, daß er »Futter« sagt, wenn er hungrig, und »Wasser« wenn er durstig ist. Das gelang nicht und ist bisher auch keinem anderen gelungen. An sich ist diese Tatsache recht merkwürdig, denn »assoziieren« kann der Papagei ja ganz offensichtlich was er sagt, und irgendwelche anderen Bewegungen, die zur Erreichung eines Zweckes dienen, den der Vogel anstrebt, werden ohne weiteres erlernt, und zwar auch solche, die ausschließlich darauf abzielen, den menschlichen Pfleger zu einer bestimmten Handlungsweise zu veranlassen.

Ein sehr groteskes und außerordentlich komisches Verhalten dieser Art hatte sich ein zahmer Kleinpapagei, ich glaube es war ein Nanday-Sittich, angewöhnt, den Karl von Frisch besaß. Der Forscher ließ diesen Vogel gewohnheitsmäßig nur dann für einige Zeit frei im Zimmer fliegen, wenn er gerade eine Entleerung des Tieres beobachtet hatte, so daß in den nächsten zehn Minuten für die schönen Möbel nichts zu befürchten war. Der Sittich hatte diesen Zusammenhang in kürzester Zeit erfaßt, und da er leidenschaftlich gern frei flog, so druckste er mit Gewalt und demonstrativ ein winziges Patzerl hervor, sobald Professor von Frisch an den Käfig trat. Ja, er druckste selbst dann verzweifelt, wenn es ihm gar nicht möglich war, Greifbares zu produzieren, er drohte geradezu, sich einen Schaden anzutun, so plagte er sich. Man mußte ihn einfach freilassen, wenn man dem Armen zusah.

Und der kluge ›Geier‹, weit klüger als jener kleine Sittich, lernte es nicht und nicht, »Futter« zu sagen, wenn er fressen wollte. Der ganze komplizierte Apparat von Kehlkopf und Gehirn, der Nachahmung und Gedankenverbindung ermöglicht, scheint keinerlei uns verständliche Funktion für die Erhaltung der Art zu entwickeln. Man fragt sich vergebens, »wozu« er da ist.

Ich kenne nur einen einzigen Vogel, der es lernte, ein Menschenwort zu gebrauchen, wenn er etwas wollte, der also mit einer *erlernten* Lautäußerung einen *Zweck* verband. Und es ist gewiß kein Zufall, daß dies der Vogel konnte, welchen ich für den geistig höchststehenden aller Vögel halte, nämlich ein Kolkrabe.

Kolkraben haben einen bestimmten angeborenen Ruf, der dem »Kja« der Dohle entspricht und die Aufforderung mitzufliegen bedeutet: ein sonores und dabei doch metallisch scharfes »Rackrack« oder »Krackrackrack«. Will der Vogel einen befreundeten Artgenossen, der am Boden sitzt, veranlassen mitzufliegen, so vollführt er die gleiche Bewegungsweise, die wir an der Dohle in ähnlichen Fällen gesehen haben: Er fliegt von hinten her dicht über den anderen Raben hin, wackelt mit dem eng zusammengefalteten Steuer und ruft dazu besonders scharf und laut sein »Krackrackrack«, das dann fast wie eine Folge kleiner Explosionen klingt.

Der Rabe Roa, benannt nach dem gewöhnlichen Stimmfühlungsruf des Jungvogels seiner Art, war mit mir noch in seinen alten Tagen eng befreundet, begleitete mich, wenn er nichts anderes vorhatte, bei weiten Spaziergängen, ja selbst bei Motorbootfahrten auf der Donau und auf Skitouren. Besonders in seinem späteren Alter war er nicht nur gegen andere Menschen sehr scheu, sondern er hatte auch eine starke Abneigung gegen Örtlichkeiten, an denen er wohl früher einmal erschreckt worden war oder sonst eine üble Erfahrung gemacht hatte. Nicht nur, daß er an solchen Orten nicht aus der Luft zu mir herabkommen wollte, nein, er konnte es auch nicht mitansehen, daß *ich* mich an solchen, nach seiner Ansicht gefährlichen Plätzen aufhielt.

Und genau wie Dohleneltern ihre unvorsichtigen Kinder veranlassen wollen auf- und mitzufliegen, stieß auch Roa in solchen Fällen aus hoher Luft in sausendem Sturzflug auf mich herab, flog mir von hinten her dicht über den Kopf, wackelte mit dem Schwanz und zog wiederum hoch; dabei sah er sich über die Schulter nach mir um. Zu dieser, um es nochmals zu betonen, ererbten und angeborenen Bewegungsweise sagte er aber nicht den ererbten und angeborenen Fluglockruf seiner Art, sondern rief *an seiner Statt mit Menschenstimme:* »Roa, Roa, Roa«! Das Merkwürdige an der Sache war, daß Roa den artspezifischen Fluglockruf, das Krackrackrack, ja *auch* hatte und anderen Raben gegenüber durchaus artgemäß anwendete. Zu seiner Frau sagte er Krackrackrack, wollte er sie zum Auffliegen bringen, zu seinem menschlichen Freund aber das Menschenwort! Eine Dressur in diesem Falle anzunehmen ist ausgeschlossen. Denn sie hätte nur dadurch zustandekommen können, daß der Vogel zunächst rein zufällig »Roa« gesagt hätte und ich darauf ebenso zufällig zu ihm hingegangen wäre. Das ist aber ganz sicher nicht geschehen. Der alte Rabe muß also eine Art Einsicht dafür besessen haben, daß »Roa« *mein* Lockruf ist! Salomo war demnach nicht der einzige, der zu Tieren reden konnte, aber Roa ist bis jetzt das einzige Tier, das je zu Menschen ein Menschenwort sinnvoll und einsichtig gesprochen hat, wenn es auch nur ein einfacher Lockruf gewesen ist.

Das Gänsekind Martina

Heute war der große Tag. Neunundzwanzig Tage lang hatte ich auf meinen zwanzig kostbaren Wildganseiern gebrütet. Das heißt, selbst gebrütet hatte ich nur die letzten zwei Tage, die vorher hatte ich mich auf eine dicke, weiße Hausgans und eine ebenso dicke und weiße Truthenne verlassen, die das viel lieber und sachgemäßer taten als ich. Erst für die beiden letzten Tage also hatte ich der Truthenne die zehn mattweißen Eier weggenommen und in meinen Brutapparat gelegt. (Die Hausgans mußte mit ihren zehn selbst fertig werden.) Ich wollte nämlich das Schlüpfen der Kinder genau überwachen. Und nun war es so weit.

Wichtige Dinge müssen in so einem Wildgansei vor sich gehen. Legt man das Ohr daran, hört man es drinnen knacken und murksen, und jetzt, ja jetzt hörst du ganz deutlich ein leises, süß flötendes »Piep«. Erst eine Stunde später hat das Ei ein Loch, und in diesem Loch sieht man das erste, was vom neuen Vogel zu sehen ist: die Nasenspitze mit dem darauf sitzenden Eizahn. Die Bewegung des Kopfes, mit welcher der Eizahn von innen her gegen die Eihülle gedrückt wird, bewirkt nicht nur ein Aufknacken der Schale, sondern hat auch eine Bewegung des zusammengerollt darin liegenden Vögelchens zur Folge, das sich auf diese Weise langsam und rückweise um die Längsachse des Eies dreht. Der Eizahn bewegt sich also auf einem »Parallelkreise« innen an der Eischale entlang und bricht auf dieser Linie eine zusammenhängende Reihe von Lücken, bis schließlich, wenn der Kreis geschlossen ist, das ganze stumpfe Ende der Eischale von einer Streckbewegung des Halses abgehoben werden kann.

Mühselig und langsam befreit sich der lange Hals, der das schwere Köpfchen noch nicht frei zu tragen vermag. Noch bleibt auch der Nacken steif abwärts gekrümmt in der embryonalen Stellung, in der er entstanden ist und die er innegehabt hat, seit er überhaupt existierte. Weitere Stunden dauert es, bis die Gelenke sich strecken und geschmeidig werden, die Muskel erstarken und die Organe des Labyrinths funktionieren, die das Gleichgewicht erhalten, bis es für die kleine Gans erstmalig ein Oben und ein Unten gibt und das Kind seinen Kopf frei und aufrecht tragen kann.

Das nasse Etwas, das hier aus der Schale kriecht, sieht unglaublich häßlich und geradezu bedauernswert aus, vor allem aber nässer, als es wirklich ist. Fühlt man es nämlich an, so spürt man es nur feucht. Der Eindruck, das armselige Federkleidchen sei naß und verklebt, entsteht dadurch, daß jede Daunenfeder noch eng zusammengefaltet in einer hauchdünnen Hülle steckt. Sie ist in dieser Form nicht dicker als ein Haar. Alle diese Feder-Härchen aber sind untereinander von der eiweißreichen Flüssigkeit der Eihülle zu Strähnen zusammengeklebt, so daß sie in der Eihülle ein Mindestmaß an Raum einnehmen. Trocknen diese Federhüllen, zerfallen sie zu Staub und geben die eingeschlossenen Daunen frei. Diese selbst trocknen also genaugenommen nicht, sie sind von vornherein trocken, da die Hüllen sie umschließen und so gegen die Flüssigkeit des Eies schützen. Das Platzen der Federhülsen wird natürlich durch die Bewegungen des frischgeschlüpften Jungvogels gefördert und beschleunigt, der sich »gegen den Strich« an Geschwistern und dem Bauchgefieder der brütenden Mutter reibt. Fehlt diese Reibung, wie bei meiner ersten, im Brutkasten geschlüpften Graugans, bleiben die Federhülsen länger als gewöhnlich erhalten. In einem solchen Falle kann man ein überraschendes kleines Zauberkunststück vorführen. Man nimmt das Vögelchen in die eine, einen gefetteten Wattebauschen in die andere Hand und streicht nun sanft mit der Watte *gegen* den Federstrich über den Jungvogel hin. Dabei zerfallen die brüchigen Federhülsen in feinste, Haarschuppen ähnliche Teilchen, das Gänschen aber verwandelt sich in zauberhafter Weise: Wo der Wattebauschen entlangstreicht, steht ein dichter Wald duftig feiner, goldig graugrüner Daunen auf, und in wenigen Sekunden hat man statt des nackten, feucht verklebten, kleinen Untiers einen süßen runden Daunenball in Händen, der gut doppelt so voluminös ist als vorher.

Meine erste kleine Graugans war also auf der Welt, und ich wartete, bis sie unterm elektrischen Heizkissen, das den wärmenden Bauch der Mama ersetzen mußte, so weit erstarkt war, daß sie den Kopf aufrecht zu tragen und ein paar Schrittchen zu gehen imstande war.

Den Kopf schief gestellt, sah sie mit großem, dunklem Auge zu mir empor. Mit *einem* Auge, denn wie die meisten Vögel fixiert auch die Graugans, will sie etwas ganz genau sehen, einäugig. Lange, sehr lange sah mich nun das Gänsekind an. Und als ich eine Bewegung machte und ein kurzes Wort sprach, löste sich mit einem Male die gespannte Aufmerksamkeit, und die winzige Gans *grüßte:* Mit weit vorgestrecktem Hals und durchgedrücktem Nacken sagte sie sehr schnell und vielsilbig den graugänsischen Stimmfühlungslaut, der beim kleinen Küken wie ein feines, eifriges Wispern klingt. Sie grüßte genau, aber auch schon haargenau, wie eine erwachsene Graugans und wie sie es noch tausende Male in ihrem Leben tun wird. Sie grüßte aber auch so, als *hätte* sie schon tausendmal in genau derselben Weise gegrüßt. Selbst der beste Kenner dieser Zeremonie hätte ihr nicht ansehen können, daß sie es soeben zum allerersten Male in ihrem Gänseleben tat. Noch wußte ich nicht, welch schwere Verpflichtungen ich damit auf mich genommen hatte, daß ich der Musterung des dunklen Äugleins standgehalten und mit einem unbedachten Wort die erste Begrüßungszeremonie ausgelöst hatte.

Ich wollte nämlich die von der Truthenne ausgebrüteten Gänseküken nach dem Schlüpfen der erwähnten Hausgans anvertrauen, die zwar nur zehn Eier ausbrüten, aber sehr wohl zwanzig Gänschen führen konnte. Als mein Küken »fertig« war, waren eben unter der Hausgans drei weitere geschlüpft. Ich trug mein Kind in den Garten, wo die dicke Weiße in der Hundehütte saß, aus der sie den rechtmäßigen Besitzer, Wolfi den Ersten, rücksichtslos vertrieben hatte. Ich steckte mein Gänsekind tief unter den weichen warmen Bauch der Alten und war überzeugt, das Meinige getan zu haben. Aber da blieb wohl noch viel zu lernen.

Es dauerte ein paar Minuten, während deren ich in beglückter Meditation vor dem Gänsenest sitzen blieb, da ertönte unter der Weißen hervor, wie fragend, ein leises Wispern: Wiwiwiwiwi? Sachlich und beruhigend antwortete die alte Gans mit demselben Stimmfühlungslaut, nur in ihrer Tonlage: Gangangangang. Doch anstatt sich daraufhin zu beruhigen, wie jedes vernünftige Gänsekind getan hätte, kam meines rasch unter dem wärmenden Gefieder hervorgekrochen, sah mit einem Auge empor, der Pflegemutter ins Gesicht und – lief laut weinend von ihr weg: Pfühp .. pfühp .. pfühp .. So etwa klingt das »Pfeifen des Verlassenseins« der kleinen Graugans, das allen Jungen nestflüchtender Vögel in irgendeiner Form zu eigen ist.

Hoch aufgerichtet, ununterbrochen laut pfeifend stand das arme Kind auf halbem Wege zwischen der Gans und mir. Da machte ich eine kleine Bewegung – und schon war das Weinen gestillt und das Kind kam, mit lang vorgestrecktem Halse, eifrig grüßend auf mich zu: Wiwiwiwiwi ... Das war gewiß rührend, aber ich hatte nicht die Absicht, Gänsemutter zu spielen. Ich packte also das Kind, steckte es wieder tief unter den Bauch der Alten und lief davon. Ich kam keine zehn Schritte weit, da hörte ich schon hinter mir: Pfühp .. pfühp .. pfühp .. und das arme Kind kam verzweifelt gelaufen. *Stehen* konnte es noch nicht, nur auf den Fersen sitzen, auch bei langsamem Gehen war es noch recht unsicher und wakkelig. Aber unter dem Druck der Not hatte es doch schon die Bewegungsweise des schußartigen, sehr schnellen Laufens in seiner Gewalt. Bei manchen Hühnervögeln ist dieselbe merkwürdige und doch zweckmäßige Reihenfolge im Heranreifen verschiedener Bewegungsweisen noch ausgesprochener. Vor allem kleine Rebhühner und Fasane können viel früher laufen als langsam gehen oder stillstehen.

Es hätte einen Stein rühren können, wie das arme Kind mit überschnappendem Stimmchen weinend hinter mir herkam, stolpernd und sich überkugelnd, aber mit erstaunlicher Geschwindigkeit und einer Entschlossenheit, deren Bedeutung nicht mißzuverstehen war: Ich, nicht die weiße Hausgans, sei ihm Mutter! Seufzend schulterte ich mein Kreuzchen und trug es ins Haus zurück. Obwohl es damals nur hundert Gramm wog, wußte ich sehr genau, wie schwer es zu tragen sein würde, wie viel ehrliche Arbeit und wieviel Zeit es kosten würde, es würdig zu tragen.

Ich tat, als hätte ich die kleine Gans adoptiert, nicht sie mich. Das Gänsekind erhielt in feierlicher Taufe den Namen Martina.

Der Rest des Tages verging mir, wie er eben einer Gänsemutter zu vergehen pflegt. Wir gingen auf eine Wiese zartes junges Gras weiden, und es gelang mir, mein Kind davon zu überzeugen, daß gehacktes Ei mit Brennesseln ein gutes Essen ist. Und dem Kinde seinerseits gelang es, mir überzeugend beizubringen, daß es, wenigstens vorläufig, völlig ausgeschlossen sei, auch nur eine Minute von ihm wegzugehen und es alleinzulassen. Es geriet nämlich dann sofort in eine so verzweifelte Angst und weinte so herzzerreißend, daß ich nach einigen Versuchen klein beigab und ein Umhängekörbchen baute, in welchem ich es dauernd bei mir tragen konnte. Schlief das Kind, war es mir wenigstens möglich, mich in der Zwischenzeit frei zu bewegen.

Es schlief nie lange in einem Zuge durch, was mir während des ersten Tages nicht weiter auffiel. Wohl aber während der Nacht. Für die Nacht hatte ich meinem Gänsekind eine wunderbare elektrisch gewärmte Wiege bereitgestellt, die schon manchen Nestflüchterkindern die wärmende Mutterbrust ersetzt hatte. Als ich ziemlich spät abends meine kleine Martina unter das Wärmekissen schob, sagte sie sofort zufrieden das sehr rasche

Wispern, das bei jungen Gänsen Ausdruck der Einschlafstimmung ist und wie »Wirrrrr« klingt. Ich stellte die Kiste mit der Wärmewiege in eine Ecke des Zimmers und kroch selbst ins Bett. Eben als ich daran war einzuschlafen, hörte ich, wie Martina leise und verschlafen noch einmal »Wirrrrr« sagte. Ich rührte mich nicht. Da kam, etwas lauter und wie fragend, der Stimmfühlungslaut: Wiwiwiwi? Selma Lagerlöf, deren herrliches Buch vom kleinen Nils Holgerson meine Kindheit so sehr beeinflußt hat, trifft die Bedeutung des Stimmfühlungslautes mit genialer Einfühlung, wenn sie ihn mit »Hier bin ich, wo bist du?« übersetzt. Wiwiwiwiwi? – Hier bin ich, wo bist du? Ich antwortete immer noch nicht, wühlte mich tiefer in die Kissen und hoffte inständig, daß das Kind wieder einschlafen würde: aber nein. Wiwiwi – noch Stimmfühlungslaut, jedoch mit einer bedrohlichen Beigabe vom Pfeifen des Verlassenseins, hier bin ich – wo bist du? mit herabgezogenen Mundwinkeln und nach außen gerollter Unterlippe, das heißt bei der Gans mit lang aufgerichtetem Hälschen und gesträubtem Kopfgefieder. Und im nächsten Augenblick ging es los, scharf und durchdringend: Pfühp .. pfühp .. Ich mußte heraus aus dem Bett und hinüber zur Kiste. Martina empfing mich beglückt und grüßend: Wiwiwiwiwi. Es wollte kein Ende nehmen vor Erleichterung darüber, daß sie nicht mehr in Nacht und Nebel allein war. Ich schob sie sanft unter das Wärmekissen: Wirrrr, wirrrr. Sie entschlummerte sofort und programmgemäß. Ich tat das gleiche. Aber nach kaum einer Stunde, etwa um halb elf, kam aufs neue das fragende Wiwiwiwi, und der eben geschilderte Vorgang wiederholte sich getreulich. Und um viertel vor zwölf noch einmal. Und um ein Uhr wieder. Da raffte ich mich um viertel vor drei zu einer durchgreifenden Veränderung der Versuchsanordnung auf. Ich packte die Wiege und stellte sie in Griffweite neben das Kopfende meines Bettes. Als um halb vier Uhr voraussagegemäß wieder das fragende »Hier bin ich – wo bist du?« kam, antwortete ich in gebrochenem Graugänsisch: Gangangang und klopfte ein wenig auf das Heizkissen. Wirrrrr, sagte Martina, ich schlafe schon, gute Nacht. Ich habe es bald gelernt, ohne aufzuwachen, gangangang zu sagen. Ich glaube, ich würde heute noch so antworten, wenn ich fest schlafe und jemand sagt leise zu mir: Wiwiwiwiwi?

Am frühen Morgen allerdings, als es hell wurde, nützte auch mein Gangangang und Beklopfen des Kissens nichts mehr. Martina merkte bei Tageslicht, daß das Kissen nicht ich sei, wollte zu mir und weinte. Was tun, wenn das reizende, heißgeliebte Menschenkindchen um halb fünf Uhr früh plärrt? Ganz richtig, du holst es mit einem Griff zu dir ins Bett mit der leisen Bitte zum Himmel, der Engel da möge wenigstens noch eine Viertelstunde ruhig weiterschlafen. Und er tut es auch. Und du schläfst genießerisch wieder ein und schlummerst, bis, ja, bis es an deiner Seite feucht und kühl wird .. Diese nachteiligen Folgen traten bei meiner kleinen Martina *nie* ein. Solange eine junge Gans sich nämlich im Seelenzustand des »Bei-der-Mutter-untergekrochen-Seins« befindet, ist sie verläßlich zimmerrein. Wacht sie jedoch auf und will aufstehen, dann muß man sie allerdings schleunigst aus dem Bett entfernen.

Martina war überhaupt ein wunderbar braves Kind. Daß sie nicht einen Augenblick allein sein konnte, war nicht Eigensinn. Man muß bedenken, daß es für einen derartigen Jungvogel normalerweise in freier Wildbahn den sicheren Tod bedeutet, wenn er Mutter und Geschwister verliert. Es ist biologisch sinnvoll, daß ein solches verlorenes Schäfchen weder an Essen noch an Trinken oder Schlafen denkt, sondern jeden Funken Energie, bis zur völligen Erschöpfung, für Hilferufe aufwendet, die es vielleicht die Mutter wiederfinden lassen.

Hat man mehrere junge Wildgänse, die aneinander einen gewissen Anschluß haben, so gelingt es bei einiger Strenge, sie allmählich ans Alleinsein zu gewöhnen. Ein einzelnes Tier dagegen würde sich buchstäblich zu Tode weinen.

Diese tief instinktmäßige Abneigung gegen das Alleinsein band Martina fest an meine Person. Martina folgte mir überallhin und war vollkommen zufrieden, wenn ich am Schreibtisch arbeitete und sie sich unter meinem Sessel hinlegen durfte. Sie war gar nicht lästig; es genügte ihr, wenn ich mit einem unartikulierten Grunzen antwortete, sooft sie mit ihrem Stimmfühlungslaut anfragte, ob ich noch da und am Leben sei. Am Tage tat sie das alle paar Minuten, nachts etwa jede Stunde. Ich möchte den Menschen kennen, oder besser, ich möchte ihn *nicht* kennenlernen, den die Anhänglichkeit eines derartigen Gänsekindes nicht entzückte und rührte: wie solch ein lebendes Riesen-Salweidekätzchen gemessenen Schrittes, mit der allen Gänsen eigenen drolligen Würde hinter dir herwandelt oder, gehst du zu schnell, angestrengt und mit weit ausgebreiteten Flügelärmchen nachgerannt kommt. Rührend, wenn auch zugleich nervensägend wie das »Rabäääh« des menschlichen Säuglings, ist das Pfeifen des Verlassenseins, das sofort ertönt, gehst du auch nur einen Augenblick aus dem Zimmer;

noch rührender und ohne Nervensäge die aufgeregte Freude, erscheinst du wieder, die intensive Begrüßung, die nicht enden will. Das Schönste an der zärtlichen Anhänglichkeit eines Gänsekindes aber ist, daß man mit dem Tier ins Freie gehen kann und in völlig natürlicher Umgebung und dennoch in engstem Kontakt mit dem wilden, undomestizierten Lebewesen zusammensein und es beobachten kann.

Da ich Martina zuliebe ja sowieso Gänsemutter spielen mußte, versuchte ich erst gar nicht, die weiteren neun Gänschen, die innerhalb der beiden folgenden Tage unter der Truthenne schlüpften, der Hausgans unterzuschieben, wie ich ursprünglich beabsichtigt hatte. Zehn kleine Graugänse verlangen nicht mehr, sondern weniger Zeit vom Pfleger als eine einzelne, und zwar deshalb, weil es bei ihnen weniger kritisch ist, sie allein zu lassen.

Merkwürdigerweise fand Martina an diese neun keinen geschwisterlichen Anschluß, obwohl sie untertags, vor allem auf gemeinsamen Spaziergängen, viel mit ihnen zusammenkam. Sie wurde zwar von diesen Gänschen nach anfänglichen Kämpfen als Geschwisterchen betrachtet, machte sich aber ihrerseits wenig aus ihnen, vermißte sie jedenfalls in keiner Weise, wenn sie nicht da waren, und fand sich jederzeit bereit, mit mir allein von den anderen fortzugehen. Obwohl die neun, genau wie Martina, mich als Gänsemutter betrachteten, hielten sie untereinander ebenso fest zusammen, wie sie an meine Person gebunden waren. Das heißt, sie waren nur glücklich und ruhig, wenn sie erstens untereinander und zweitens mit mir beisammen waren. Anfangs versuchte ich, nur zwei oder drei von ihnen zusätzlich zu Martina auf meine Spaziergänge mitzunehmen. Da ich zu rascherer

Überwindung weiter Strecken, beispielsweise der Dorfstraße, die zur Donau führt, die Gänschen einfach in
einen Korb steckte und so mittrug, und da außerdem für
die beabsichtigten Beobachtungen drei oder vier Tiere
völlig ausreichten, wäre es mir willkommen gewesen, die
Mehrzahl der Kinder daheimlassen zu können. Das war
aber nicht möglich, da eine solche, von der Geschwister-
schar getrennte Minderheit dauernd unruhig und ängstlich war, trotz meiner Anwesenheit immer etwas zum
Pfeifen des Verlassenseins neigte, immer wieder stehen-
blieb und nicht recht mitkommen wollte. Diese Reaktion auf das Fehlen von Geschwistern war weniger persönlich als mengenmäßig. Nahm ich die Mehrzahl mit
und ließ nur zwei oder drei zu Hause, so folgten sie
anstandslos und waren ruhig. Aber dann weinten sich
daheim die Zurückgelassenen halb zu Tode. Ich mußte
also auf meine Ausflüge entweder Martina allein oder
alle zehn Gänsekinder mitnehmen. Als ich im übernäch-
sten Jahr wieder eine Kükenschar zahm aufzog, nahm
ich, gewitzigt, von Anfang an nur vier Kinder in meine
Obhut.

Unglaublich viel Zeit habe ich in jenem ersten Gänse-
sommer mit meinen zehn Kindern verbracht und unglaublich viel habe ich von ihnen gelernt. Glückliche
Wissenschaft, in der ein wesentlicher Teil der Forschung
darin besteht, daß man nackt und wild in Gesellschaft
einer Schar Wildgänse in den Donau-Auen herum-
kriecht und schwimmt. Ich bin ein sehr fauler Mensch,
so faul, daß ich ein viel besserer Beobachter als Experi-
mentator bin. Wirklich arbeite ich eigentlich nur unter
dem Zwange schwerster kantischer kategorischer Impe-
rative, durchaus entgegen meiner natürlichen Neigung.

Das Herrliche an einem solchen rein beobachtenden Leben und Arbeiten mit wildlebenden Tieren ist, daß die Tiere selbst so wundervoll faul sind. Die blödsinnige Arbeitshast des modernen Zivilisationsmenschen, dem sogar die Zeit fehlt, eine wirkliche Kultur zu haben, ist dem Tiere völlig fremd. Selbst Biene und Ameise, diese Sinnbilder des Fleißes, verbringen den weitaus größten Teil des Tages im dolce far niente, nur *sieht* man sie dann nicht, diese Heuchler, weil sie in ihrem Bau sitzen, sobald sie nicht an der Arbeit sind. Und Tiere lassen sich nicht drängen. Will man Wildgänse kennenlernen, muß man mit ihnen leben, und will man mit ihnen leben, muß man sich ihrem Lebenstempo anpassen. Ein Mensch, der nicht von Natur mit einer gottgewollten Faulheit ausgestattet ist, *kann* das gar nicht. Ein konstitutionell tätiger, fleißiger Mensch würde wahnsinnig werden, mutete man ihm zu, einen Sommer lang als Gans unter Gänsen zu leben, wie ich es (mit Unterbrechungen) getan habe. Mindestens die Hälfte des Tages liegen die Wildgänse still und verdauen. Von der anderen Hälfte brauchen sie zum Weiden, gering gerechnet, drei Viertel. Die zwischen Perioden des Weidens und Verdauens eingestreuten Zeiten jener Tätigkeiten, auf deren Beobachtung es ankommt, machen zusammengerechnet höchstens ein Achtel der wach verbrachten Tageszeit aus. Wildgänse wären stinklangweilige Viecher, wenn das, was sie in diesem einen Achtel des Tages tun, nicht so interessant wäre.

Wenn du dich mit einer Schar Wildgänse in den Donau-Auen herumtreibst, kannst du mit bestem Gewissen faulenzen, denn du bist ja gezwungen, sieben Achtel des Tages in der Sonne zu liegen, zwar mit griffbereiter, geladener und aufgezogener Kamera, aber keineswegs dazu genötigt, dauernd auf die Vögel aufzupassen; denn das geschulte Ohr hört ja sofort an ihren Stimmäußerungen, wenn die Tiere zu schlafen oder zu weiden aufhören und sich interessanteren Dingen zuwenden. Man kann selbstverständlich, solange die Gänschen noch klein sind und fest und ängstlich einem anhängen, ganz einfach lockend weggehen und sie zwingen nachzukommen. Man kann auch, kennt man die Ausdruckslaute der Graugans und versteht man einigermaßen, sie nachzuahmen, eine Schar erwachsener Gänse, die nicht mehr so unbedingt an einem kleben, dazu veranlassen, vom Orte wegzugehen, aufzufliegen oder sonst allerlei zu tun. Aber man muß mit solchen Beeinflussungen vorsichtig und sparsam sein und darf nicht sehr viel über das hinausgehen, was führende Gänseeltern in dieser Hinsicht tun. Kleine Gänsekinder sind körperlich, aber auch seelisch bald überanstrengt, läßt man ihnen nicht genügend Ruhe. Meine Martina habe ich zweifellos während der ersten Tage ihres Lebens erheblich überbeansprucht, sie blieb deshalb im Wachstum ein wenig zurück, wurde mager und nervös. Größere junge Gänse, bei denen die Furcht vor dem Alleinsein etwas abgenommen hat, lassen sich einfach in dieser Weise nicht drängen, sie bleiben dann zurück und beginnen zu weiden. Trotzdem muß man auch bei ihnen mit allen Versuchen stimmlicher oder sonstiger Beeinflussung sparsam sein, vor allem auch deshalb, weil man andernfalls gerade die Reaktionen abstumpft und verwischt, die man untersuchen will. Dafür ein Beispiel. Die Gänse reagieren angeborenermaßen auf den Ausdruckslaut der Eltern oder sonstiger Artgenossen, der die Absicht, den Ort zu ändern, anzeigt. Diese Stimmäußerung kann der menschliche Pfleger gut nachahmen und so die Gänse veranlassen, ihm zu folgen. Tut er dies aber zu *oft,* das heißt wesentlich öfter, als gerade dieser Vorgang der Stimmungs-Übertragung im Gänseleben normalerweise vorkommt, so ermüdet er die Reaktion. Das hat zur Folge, daß die Tiere auf die betreffende Lautäußerung nicht mehr achten. Er vernichtet also durch negative Dressur, durch sogenanntes »Abdressieren«, gerade jene ererbte, angeborene Reaktionsweise, die er untersuchen will. Um diesen Fehler zu vermeiden, muß man jedoch tatsächlich das besitzen, was man mit Recht eine Viechsgeduld nennt.

Besonders interessant sind die Lautäußerungen, die bei der Graugans die Stimmung des Weggehens, -schwimmens und -fliegens ausdrücken. Schon die ganz kleinen Gänsekinder reagieren angeborenermaßen auf die feinsten Nuancen dieses recht komplizierten Vokabulariums. Der gewöhnliche Stimmfühlungslaut, das bekannte leise und rasche Gänseschnattern, ertönt auch dann von Zeit zu Zeit, wenn die Tiere in Ruhe sind, wenn sie weiden oder langsam dahinschreiten. Es klingt wegen der starken Obertöne, die mitschwingen, eigenartig gebrochen und sechs- bis zehnsilbig. Silbenzahl und Stärke der hohen Obertöne sind beim gewöhnlichen Stimmfühlungslaut einander parallel, stehen jedoch in umgekehrtem Verhältnis zur Lautstärke. Je mehr Silben das Gegacker hat, desto höher und leiser klingt es. Sind nun diese drei Merkmale stark ausgeprägt, bedeutet das höchste Behaglichkeit, die Tiere haben also keine Neigung, nächstens den Platz zu verlassen. Vielsilbiges, hohes und leises Gackern heißt also, in menschliche Worte übertragen: Hier ist es gut, laßt uns hier bleiben, mit der

Nebenbedeutung der Stimmfühlung: Ich bin hier, bist du auch noch hier? In dem Maße nun, in dem die Stimmung zur Ortsveränderung sich in der Gans bemerkbar macht, verändert sich auch der Stimmfühlungslaut, und zwar so, daß die Silbenzahl sinkt, die hohen Obertöne schwinden und das Schnattern lauter wird. Ein sechssilbiges Gackern entspricht schon einem langsamen aber stetigen Vorwärtsschreiten, etwa wenn die Tiere auf dürftiger Weide von Halm zu Halm einen oder zwei Schritte zurücklegen müssen. Bei Fünfsilbigkeit herrscht schon ausgesprochene Marschstimmung, selten wird noch ein Hälmchen aufgenommen, die Tiere denken hauptsächlich daran, vorwärtszukommen. Viersilbigkeit zeigt schon ein starkes Motiv zur Ortsveränderung an, die Gans macht in diesem Falle so gut wie immer gespannt einen langen Hals. Dreisilbigkeit bedeutet schleunigstes Marschtempo, der Hals ist extrem lang, es kündigt sich bereits das Aufkommen der *Flugstimmung* an. Ein zweisilbiger, stets sehr tief und laut klingender Stimmfühlungslaut »Gangang, gangang« bedeutet unmißverständlich, daß die Gans im nächsten Augenblick auffliegen wird.

Liegt *keine* Flugstimmung vor, sondern wird die Gans die beabsichtigte Ortsveränderung gehend oder schwimmend vornehmen, so steht ihr eine besondere Lautäußerung zur Verfügung, die eben dies und nichts anderes ausdrückt. Ungefähr zwischen drei- und viersilbigem Gackern, gerade dort, wo andernfalls der Verdacht auf Flugstimmung erregt werden könnte, sagt die Gans dann einen lauten, scharf abgesetzten, metallisch klingenden, dreisilbigen Ruf, dessen stark betonte Mittelsilbe etwa um sechs ganze Töne höher liegt, als die beiden anderen, also etwa: Gangingang. Führende Eltern, deren Junge noch nicht flugfähig sind, kommen begreiflicherweise besonders häufig in eine Stimmung zur Ortsveränderung mit Betonung der Absicht, *nicht* zu fliegen. Von Hausgänsen, die Junge führen, hört man diesen Ruf besonders oft, was auf den Kenner immer etwas komisch wirkt, da diese dicken Gesellen ja ohnedies kaum fliegen können, weshalb ihre ständigen »Beteuerungen«, sie werden die beabsichtigte Ortsveränderung zu Fuß und nicht fliegend vornehmen, völlig überflüssig sind. Da aber all diese Stimmungsäußerungen rein triebhaft und ererbt sind, haben die Tiere selbstverständlich hiervon keine Ahnung.

Ebenso ererbt und angeboren ist, wie schon erwähnt, jeder kleinen Graugans das »instinktmäßige« Verstehen dieses ganzen Vokabulariums der Stimmfühlung. Schon die ein- oder zweitägigen Kinder reagieren prompt auf alle beschriebenen Feinheiten. Läßt man seinen Stimmfühlungslaut wenigersilbig und schärfer werden, hören die Kinder auf zu weiden, heben das Köpfchen, langsam gerät die ganze Schar in »Fortgehstimmung« und beginnt vorwärtszuströmen.

Besonders hübsch und bei sparsamem Gebrauch immer wieder gut zu demonstrieren ist die Reaktion der Gänsekinder auf das »Gangingang«. Interessanterweise scheinen die Gänschen diese Lautäußerung der Elterntiere vor allem dann »auf sich zu beziehen«, wenn sie, etwa verlockt von einer besonders wohlschmeckenden Weidepflanze, auf dem Marsche zurückgeblieben sind. In solchen Fällen trifft sie das «Gangingang« wie ein Peitschenschlag, und sie kommen im Höchsttempo mit ausgestreckten Flügelärmchen hinter den Eltern oder dem menschlichen Elternersatz hergestürmt. Diese Reaktion gab bei meiner kleinen Martina die Möglichkeit zu einem netten kleinen Schwindel.

Obwohl ihr Name Martina ursprünglich nicht, wie der Tschoks, vom Lock- oder Stimmfühlungslaut der Art abgeleitet war, so hatten wir doch für Martina den schönsten Lockruf-Namen getroffen, den je ein Vogel bei uns in Altenberg getragen hat: Wenn man nämlich ihren Namen in der Klangfarbe und absoluten Tonhöhe des graugänsischen »Gangingang« und mit scharfer Betonung auf dem i ausrief, so löste man mit Sicherheit die beschriebene Reaktion aus, und Martina kam wie ein angespornes Pferd angesaust. Vornehmlich Jäger und sonstige Hundekenner konnte ich mit dem »Appell«, den ich der kaum eine Woche alten kleinen Gans beigebracht hatte, verblüffen. Nur mußte ich dann scharf aufpassen, daß keine meiner anderen, »undressierten« Gänschen in Hörweite waren, sonst kamen diese, als hätte man auf einen elektrischen Knopf gedrückt, ebenfalls angebraust.

Wie die sinnvolle Antwort auf alle Variationen des Stimmfühlungslautes ist dem Gänsekind auch die Reaktion auf den *Warnlaut* der alten Gänse *angeboren*. Dieser besteht aus einem einzelnen, meist ziemlich leise und nasal gerufenen »Gang«, in dem etwas von einem R mitschwingt, so daß man vielleicht den Laut in Buchstaben am besten mit »Ran« ausdrückt. Den heiser klingenden Laut ahmt man am wirkungsvollsten nach, indem man die Silbe ausspricht, während man dabei die Luft einzieht. Auf diesen Laut fahren alle Gänseköpfe sichernd in die Höhe, und das sonst fast ununterbrochen ertönende Stimmfühlungsgackern schweigt schlagartig. Sagt man den Ton lauter, so geraten die erwachsenen Gänse in Abflugstimmung und suchen einen Ort zu gewinnen, von dem aus sie einen freien Rundblick haben und leicht auffliegen können. Kleine Gänsekinder aber eilen schleunigst zur Mutter oder zum menschlichen Elternersatz und drängen sich in ihrem oder seinem Schutze zu dichten Häuflein zusammen.

Die ängstliche Stimmung hält bei den Kindern so lange vor, bis *entwarnt* wird. Die Gänseeltern brauchen also nicht ein zweites Mal zu warnen, um ihre Kinder still und in Alarmbereitschaft zu erhalten, sondern können sich mit gespannten Sinnen auf die Gefahr konzentrieren. Ist diese vorüber, so erfolgt die Entwarnung durch ein leises Stimmfühlungsgackern, worauf die Kinderschar regelmäßig in eine Begrüßungszeremonie mit vorgestrecktem Halse ausbricht.

So schnell wie aus dem Frühling der Sommer wird, wird aus der liebenswerten Daunenkugel der schöne graue Vogel mit den silbernen Schwingen. Wie reizvoll der Übergang von einem zum anderen, wie rührend die unharmonischen Zwischenformen zwischen dem Kind und dem Jüngling, die zu großen Füße, die dicken Gelenke und die täppischen Bewegungen der Flegeljahre, die bei der Graugans allerdings auf wenige »Flegelwochen« zusammengedrängt sind! Und wie wundervoll ist der Augenblick, wenn die neue Harmonie des erwachsenen Vogels erreicht ist, wenn die Schwingen erstarkt und imstande sind, sich zum ersten Flug zu entfalten.

Schaff dir keinen Buchfinken an!

Die wenigsten Leute wissen, welche Tiere geeignete und dankbare Pflegeobjekte sind. Immer wieder versuchen naturliebende Menschen Tiere als Hausgenossen zu halten, und immer wieder scheitert dieser Versuch an der Untauglichkeit der Mittel und an der mißlungenen Wahl des Tieres. Leider verstehen es auch die meisten unserer Tierhändler nicht, den Käufer richtig zu beurteilen und ihm anzuraten, was er eigentlich sucht.

Über diese Frage müßte man sich vor allem selbst klarwerden. Der Wunsch, ein Tier zu halten, entspringt meist dem uralten Grundmotiv, das auch Kipling veranlaßte, seine Dschungelbücher zu schreiben, nämlich der Sehnsucht des Kulturmenschen nach dem verlorenen Paradiese der freien Natur. Jedes Tier ist ein Stückchen Natur, aber nicht jedes ist geeignet, als Repräsentant dieser Natur in deinem Hause zu wohnen. Die Tiere, die du dir *nicht* anschaffen sollst, kann man in zwei große Gruppen einteilen: in solche, die es mit und bei *dir* nicht aushalten, und solche, mit und bei denen *du* es nicht aushältst. Zur ersten Gruppe gehören alle empfindlichen Tiere, die man schwer pflegen und gesund erhalten kann, zur zweiten die allermeisten anderen, von denen ich einige im Kapitel ›Ärger mit Tieren‹ geschildert habe. Ein erheblicher Teil dessen, was man in unseren Tierhandlungen zu kaufen bekommt, gehört in eine der beiden Gruppen. Und von dem Rest, der weder allzu empfindlich ist noch die Nerven zu sehr belastet, ist der überwiegende Teil so langweilig, daß die Kosten der

Anschaffung und die Mühe der Pflege sich nicht lohnen. Gerade die üblichen Zimmer- und Kindertiere wie Goldfische, griechische Landschildkröten, Kanarienvögel, Meerschweinchen, Käfig-Papageien, Angorakatzen, Schoßhündchen usw. sind ausgesprochen fade Viecher, die nur sehr wenig von dem bieten, worauf diese Zeilen aufmerksam machen möchten. Welches Tier man anschaffen soll, hängt von verschiedenen Faktoren ab; zunächst davon, was man selbst von dem Tiere will und erwartet. Ferner aber davon, welche tägliche Mühewaltung man aufzubringen gewillt ist, wie gut oder schlecht die Nerven hinsichtlich Lärmempfindlichkeit sind, wann und wie lange man von zu Hause abwesend ist und dergleichen mehr.

Also was willst du? Ein Stückchen wirkliche Natur in deine Behausung bringen, das freundlich ermahnt und erinnert, daß die Welt nicht nur aus Asphalt, Beton und elektrischen Leitungen besteht? Oder willst du ein paar Quadratdezimeter deines Gesichtsfeldes mit etwas ausfüllen, das nicht von Menschenhand gemacht ist?

Sehnt sich dein Auge nur nach einem Fleckchen natürlichen, wachsenden Grün und nach der Schönheit lebendiger Wesen, dann schaff dir ein Aquarium an, willst du deine Wohnung freundlich beleben, ein paar Kleinvögel, du ahnst nicht, wieviel Gemütlichkeit ein großer Käfig mit einem glücklich verheirateten Gimpelpaar um sich verbreitet. Der leise, quätschende und doch wohltönende Gesang des Gimpelmännchens beruhigt wunderbar, und seine würdig gemessene, gewissermaßen höfliche Balz, seine dauernde Rücksichtnahme auf sein Weibchen gehört zum Hübschesten, was ein Vogelkäfig zu bieten hat. Mit der Pflege bist du nur einige Minuten täglich beschäftigt, das käufliche Körnerfutter kostet bloß ein paar Groschen, und das bißchen Grünzeug, die einzige Abwechslung im Speisezettel dieser Vögel, ist auch leicht zu beschaffen.

Willst du aber eine persönliche Ansprache, weil du ein einsamer Mann bist und du irgend jemanden in der Wohnung haben willst, den deine Heimkehr freut, dann schaff dir einen Hund an. Glaube nicht, es sei grausam, in der Stadtwohnung einen Hund zu halten. Sein Glück hängt vor allem davon ab, wieviel Zeit du mit ihm zusammensein kannst, auf wie vielen Wegen er dich begleiten darf. Es macht ihm nichts aus, stundenlang vor deinem Arbeitszimmer auf dich zu warten, wenn es dann zur Belohnung einen zehn Minuten langen gemeinsamen Weg zu machen gibt. Die persönliche Freundschaft ist für den Hund alles. Doch bedenke, daß sie keine geringe Verpflichtung auferlegt, denn die Freundschaft mit einem treuen Hund ist unauflöslich. Ihn wegzugeben kommt einem Mord gleich. Und bedenke auch, falls du ein sehr empfindsamer Mensch bist, daß die Lebensdauer deines Freundes um so viel kürzer ist als die deine und daß ein trauriger Abschied nach zehn oder vierzehn Jahren unvermeidlich ist.

Ängstigen dich solche Kümmernisse, so kannst du aber genug andere, geistig weniger hochstehende, weniger menschenähnliche Wesen finden, die in dieser Hinsicht billiger und dabei doch »etwas fürs Herz« sind; etwa der am leichtesten zu haltende unserer heimischen Vögel, der Star. Ein außerordentlich verständiger Freund pflegte von ihm zu sagen, er sei der Hund des kleinen Mannes; das ist völlig zutreffend. Mit dem

Hunde hat der Star bezeichnenderweise schon das eine gemeinsam, daß man ihn nicht »fertig kaufen« darf. Nur sehr selten wird ein erwachsen gekaufter Hund wirklich *dein* Hund werden, ebenso selten, wie dein Kind wirklich dein Kind wird, wenn du als reicher Mann oder reiche Frau seine Erziehung bezahltem Personal, der Amme, Nurse, dem Kinderfräulein oder dem Hauslehrer überläßt. Auf den innigen persönlichen Kontakt nämlich kommt es an. Du *selbst* mußt also auch das Starenkind füttern und trockenlegen, willst du einen wirklich netten Vogel seiner Art haben. Die erforderliche Mühe dauert nur kurz. Ein junger Star braucht nämlich zu seiner Entwicklung, vom Schlüpfen bis er selbständig ist, nur etwa vierundzwanzig Tage. Holt man ihn im Alter von ungefähr vierzehn Tagen aus dem Nest (oder läßt ihn holen, denn jede gute Tierhandlung besorgt auf Bestellung einen Jungvogel des richtigen Alters), so ist das auch noch früh genug und die ganze Starerziehung dauert dann knapp zwei Wochen. Sie ist nicht allzu mühsam und beschränkt sich darauf, daß man mit einer Pinzette täglich fünf bis sechs Mal Futter in den gierig aufgesperrten, gelben Rachen des Starenkindes stopft und mit demselben Instrument am anderen Ende die säuberlich umhäuteten, nicht schmierenden Kotballen wegnimmt. So bleibt das Kunstnest immer sauber, und man braucht keine frischen »Windeln«. Man formt es aus Heu und bringt es in einer halb geschlossenen, nur nach vorne offenen Kiste unter, die am ehesten der natürlichen Nisthöhle entspricht; nur muß die vordere Öffnung für die Menschenhand weit genug sein. In einer solchen Halbhöhle setzt das Starenkind seinen Kot immer nur nach der Lichtseite ab, so daß nie Schmutz ins

Nestchen fällt, auch wenn man einmal nicht dabei ist. Als Futter genügen zur Not rohes Fleisch oder Herz, milchgeweichte Semmeln und etwas gehacktes Ei; ein Zusatz von ein wenig Erde wirkt günstig. Kann man sie beschaffen, sind Regenwürmer und frische Ameiseneier ein besseres, weil natürlicheres Futter. Diese teuren Futterstoffe braucht der Star aber nur während seiner Jugendentwicklung; sobald er selbst fressen kann, darf man ihm so ziemlich von allem geben, was der Mensch verzehrt. Als Grund-Diät für den erwachsenen Star ist leicht angefeuchtete Weizenkleie mit etwas gequetschtem Hanf oder Mohn sehr zu empfehlen, da bei dieser Art der Fütterung der Kot trocken und fast geruchlos ist. Streut man noch Torfmull in die Käfiglade, wird man auch im kleinsten Zimmer nichts vom Tier riechen.

Ist dir auch ein Star noch »zu viel«, der ja immerhin einen ziemlich großen Käfig verlangt, und möchtest du ein kleineres Vögelchen haben, das bei noch geringeren Ansprüchen an Raum, Zeit und Mühewaltung dein Bedürfnis nach »persönlicher Ansprache« befriedigt, dann laß dir einen Zeisig raten. Als einziger unter den mir bekannten Kleinvögeln wird er auch als alt gefangener Vogel nicht nur zahm, sondern wirklich persönlich anhänglich. Gewiß, auch andere Kleinvögel werden völlig »zahm« in dem Sinne, daß sie sich vor dem Pfleger nicht fürchten, sich ihm auf Kopf und Schultern setzen und Leckerbissen furchtlos aus seiner Hand nehmen. Bei einem Rotkehlchen kann man das in kürzester Zeit erreichen. Hat man aber gelernt, tiefer in die Tierseele zu blicken, und hat man sich abgewöhnt, die eigenen Gefühle in das Tier zu projizieren, im Glauben, es müsse den Pfleger lieben, weil er es liebt, dann sieht man schließlich in den dunklen Märchenaugen des Rotkehlchens nur die eine, sicherlich wenig gemütstiefe Frage: »Kriege ich nun endlich meinen Mehlwurm, oder nicht?« Der Zeisig ist dagegen ein Pflanzenfresser, der den ganzen Tag frißt, niemals wirklich hungrig wird und in dessen Interessenkreis die Nahrungsaufnahme daher eine viel geringere Rolle spielt als in dem des Insektenjägers. Der Mehlwurm in der Hand ist für das Rotkehlchen ein bedeutend stärkeres Lockmittel als es das Hanfkorn für den Zeisig ist. Deshalb frißt das frisch gefangene und gekaufte Rotkehlchen eher aus der Hand als ein ebensolcher Zeisig; es ist auch eher dazu zu bringen, sich freiwillig dem Pfleger zu nähern. Tut das hingegen der Zeisig, was meist erst nach einigen Monaten der Fall sein wird, dann tut er es nicht um des Futters, sondern um deiner Gesellschaft willen. Eine solche »Geselligkeitszahmheit« spricht das menschliche Gemüt viel nachhaltiger an als die höchst »materialistische« Futterzahmheit des Rotkehlchens. Der Zeisig ist als gesellschaftlich lebendes Tier eines persönlichen Anschlusses an den Pfleger fähig, wofür dem Rotkehlchen als ungeselligem Vogel einfach das Organ fehlt. Natürlich gibt es noch sehr viele andere, gesellschaftlich lebende Vögel, die ihre gesellschaftlichen Triebe auf den Menschen übertragen und die, jung aufgezogen, einen engen sozialen Kontakt mit dem Menschen aufnehmen. Star, Gimpel und Zeisig entwickeln eine reizende Anhänglichkeit, die großen Rabenvögel, Papageien, Gänse und Kraniche wetteifern darin mit dem Hunde. Aber sie alle muß man sehr jung aus dem Neste nehmen, will man an ihnen zahme und freundliche Hausgenossen gewinnen. Warum gerade der Zeisig eine Ausnahme macht und auch noch als alter

Wildfang den sozialen Anschluß an den Menschen zu finden vermag, wissen wir nicht.

Von den vielen dankbaren Pflegeobjekten nannte ich deshalb Aquarium, Gimpel, Star und Zeisig zuerst, da ihre Betreuung wenig Aufwand erfordert. Will man mehr Zeit aufwenden, findet man Dutzende ebenso dankbare Tiere. Doch einen guten Rat laß dir geben: Beschränke deine ersten Haltungsversuche auf Organismen, die *leicht* zu halten sind, die keine großen Ansprüche an die Pflege stellen, um in Gefangenschaft gesund zu bleiben.

»Leicht zu halten« ist eine Eigenschaft, die man scharf vom Begriff »haltbar« oder »Widerstandsfähigkeit« trennen muß. Unter der »Haltung« eines Lebewesens im wissenschaftlichen Sinne verstehen wir den Versuch, seinen ganzen Lebenszyklus vor unseren Augen in einer engeren oder loseren Gefangenschaft sich abspielen zu lassen. Irreführenderweise werden jedoch zumeist solche Tiere als »haltbar« bezeichnet, die eigentlich nur *zählebig* sind und, um es kraß auszudrücken, *lange Zeit zum Sterben brauchen.* Das klassische Beispiel für ein »haltbares«, tatsächlich aber nur zählebiges und durchaus nicht anspruchsloses Tier ist die griechische Landschildkröte. Sie braucht zwar unter den üblichen Lebensbedingungen, die ihr von nicht sachverständigen Pflegern geboten werden, drei, vier und mehr Jahre, bis sie wirklich unwiderruflich und ganz tot ist, aber genaugenommen fängt sie vom ersten Tage der »Haltung« zu sterben an. Um Landschildkröten so halten zu können, daß sie wachsen, gedeihen, lieben und sich vermehren, müssen Bedingungen geboten werden, die in den meisten Stadtwohnungen schwer oder nicht zu erfüllen sind.

Wirklich *gezüchtet* hat übrigens in unseren Klimaten diese Tiere meines Wissens noch niemand.

Trete ich in das Zimmer eines Pflanzenfreundes und sehe, daß alle Gewächse sich gut entwickeln, dann weiß ich, daß ich einen Bruder im Geiste gefunden habe. Ich vertrage um keinen Preis in meinem Zimmer Pflanzen, die sterben, auch wenn sie es noch so langsam tun. Die anspruchslose Aspidistra, der üppig wachsende Gummibaum, die brave Zimmerlinde, sie erfreuen mich durch ihr eindeutiges Gedeihen, indes das schönste Rhododendron- oder Zyklamenstöckerl, mit dem es nicht aufwärts, sondern bergab geht, den Hauch der Verwesung in mein Zimmer bringt. Die geköpften und zum sofortigen Tod verurteilten Schnittblumen mag ich zwar auch nicht, aber sie stören immer noch weniger als jenes langsame Siechtum.

Pflanzen gegenüber mag diese Einstellung des Biologen empfindsam dünken, was aber Tiere betrifft, muß man mir beistimmen. Der Tod eines Tieres wird auch in den Menschen Mitleid erregen, deren Naturverständnis vielleicht sonst weniger verletzbar ist. Man besorge sich also um Gotteswillen nur solche Tiere, die unter den gegebenen Verhältnissen wirklich leben, nicht bloß langsam sterben. Die meisten Enttäuschungen, die dann viele Leute abschrecken, Tiere zu pflegen, beruhen auf der ungünstigen Wahl des *ersten Tieres,* mit dem man es versuchte. Der tote Stieglitz, der auf dem Boden seines Bauers liegt, macht eben einen viel nachhaltigeren Eindruck als das verwelkende Blumenstöckerl, und der von Selbstvorwürfen geplagte Besitzer schwört, nie wieder einen Vogel zu halten. Hätte er an Stelle des Stieglitzes einen Zeisig gekauft, so hätte er ihn wahrscheinlich anderthalb Jahrzehnte besessen. Übrigens: Es gibt wenige Vogelarten, die von Händlern und unkundigen Liebhabern in so großer Anzahl totgepflegt werden, wie gerade der Stieglitz. Wenn der Kenner die notdürftig eingewöhnten Herbstfänge in den Käfigen der Händler sieht, kann er mit Sicherheit feststellen, daß die meisten von ihnen schon dem Tode verfallen sind, zumal bei der recht mäßigen Qualität des heute erhältlichen Futters. Stieglitze, vor allem frischgefangene, brauchen sehr viel ölhaltige Kleinsämereien. Ich würde es kaum unternehmen, einen Stieglitz einzugewöhnen, hätte ich nicht beliebige Mengen Distelsamen und Mohn zur Verfügung. Das einzige, einigermaßen brauchbare Ersatzfuttermittel ist gequetschter Hanf, wohlgemerkt, gequetschter, denn der Stieglitz ist mit seinem zarten Schnabel nicht imstande, ganze Hanfsamen zu knacken. Das wissen sehr viele Händler nicht, und wenn sie es wissen, sagen sie es nicht gern dem Käufer, um ihn nicht dadurch vom Kaufe abzuschrecken, daß sie den Vogel als so anspruchsvoll hinstellen. Der richtige Tierhändler, der selbst Vogelliebhaber ist, pflegt jedoch den Käufer eindringlich zu examinieren, ehe er ihm eine Art überantwortet, die schwer zu halten ist.

Noch ein guter und nur *scheinbar* billiger Rat: Laß deine Hände von *kranken* Tieren. Fang oder kauf dir nur einen gesunden Vogel, nimm ihn aus dem Nest, oder laß ihn dir von einem verständigen Pfleger schenken, aber warte nicht, bis dir zufällig ein Jungvogel, der aus dem Nest gefallen ist, ein von der Mutter abgekommenes Rehkitz oder ein verwaistes Eichhörnchenkind gebracht wird. Solche zufällig in menschliche Hände geratene Wesen tragen in der überwiegenden Mehrzahl der Fälle den Keim des Todes in sich, oder sie sind so geschwächt, daß nur der tierärztlich erfahrene Pfleger sie zu retten vermag. Überhaupt: Laß dich die Anschaffung deines Pfleglings etwas Mühe und Geld kosten, es bringt dir hundertfachen Zins. Bestehe ruhig auf etwas ganz Bestimmtem, laß dir nicht vom Verkäufer einreden, eine Singdrossel sei doch ebenso nett wie ein Star und würde ebenso zahm werden. Nur wenn du ein wirklich *zahmes* Tier, vor allem einer geselligen Art, gleichgültig ob Vogel oder Säugetier, angeboten bekommst, ein Tier also, das offensichtlich jung aufgezogen oder seit langer Zeit eingewöhnt ist, dann greif zu, auch wenn es vier- bis fünfmal soviel kostet wie ein scheuer Wildfang der gleichen Art. Etwas, das berufstätige Stadtmenschen dabei immer bedenken sollen, ist – der *Stundenplan;* und zwar der eigene und der des Tieres. Muß man täglich schon im Morgengrauen zur Arbeit das Zimmer verlassen und kommt erst nach Sonnenuntergang wieder heim und will man auch Sonn- und Feiertage nicht in der Stadtwohnung, sondern im Freien verbringen, so hat man an einem Singvogel herzlich wenig Freude. Das Bewußtsein, ehe man die Wohnung verließ, das Tier noch gut versorgt zu haben, so daß es wahrscheinlich jetzt wunderschön singt, gewährt nur eine unzureichende Befriedigung. Hast du dagegen mit Rücksicht auf solche Lebensverhältnisse ein Pärchen der putzigen Zwergohreulen, einen zahmen Steinkauz, einen hübschen Kleinsäuger oder sonst ein *nächtliches* Tier, das eben aufsteht und seinen Tageslauf beginnt, wenn du von deiner Arbeit heimkehrst, so kannst du beglückende Freude an ihm erleben. Kleinsäuger werden überhaupt von den Tierliebhabern unverdient vernachlässigt, wohl deshalb, weil es im allgemeinen ziemlich schwierig ist, sie zu beschaffen. Außer domestizierten Hausmäusen und Wanderratten ist im Tierhandel mit einiger Regelmäßigkeit nur das ebenso domestizierte und daher recht langweilige Meerschweinchen käuflich. Erst seit kürzester Zeit ist eine neue Art von Nagetieren in Mengen gezüchtet und in den Handel gebracht worden, die ich zur Unterhaltung in müden und zu höherer Leistung ungeeigneten Abendstunden dringend empfehlen kann: der Goldhamster. Eben während ich diese Zeilen schreibe, führt ein Sextett von drei Wochen alten, geradezu übertrieben süßen Goldhamsterkindern in einer großen Kiste neben meinem Schreibtisch die putzigsten Ringkämpfe auf, bei denen sich die knapp mausgroßen, wuzerlfetten Burschen überkugeln, unter lautem Gequietsche so tun, als würden sie einander gefährlich beißen, und einander in wilden Hopsern durch die ganze Kiste verfolgen, wobei sie immer wieder umfallen, so täppisch und ungeschickt sind sie noch. Ich kenne kein einziges Nagetier, das in so »intelligenter« Weise, ganz nach Hunde- oder Katzenart, spielt wie der Goldhamster. Es ist herzerfreuend, jemand bei sich im Zimmer zu haben, der so ausgelassen lustig ist und dies so drollig und graziös auszudrücken versteht, wie diese kleinen Kerlchen.

Ich glaube, der liebe Gott hat den Goldhamster just für die armen Tierfreunde in der Großstadt konstruiert. Zumindest hat er in diesem kleinen Kabinettstück alle Eigenschaften vereinigt, die an einem Zimmertier angenehm sind, und alle störenden sorgfältig vermieden. Der Goldhamster beißt nicht, jedenfalls weniger als ein Meerschweinchen oder ein Hauskaninchen. Nur die Mütter sehr kleiner Hamsterkinder sind mit einiger Vorsicht zu behandeln, aber auch nur in nächster Nähe ihrer Brut; einen Meter vom Nest entfernt darf man sie unbesorgt angreifen. Wie erfreulich wäre als Zimmertier das Eichhörnchen, wollte es nicht überall hinaufklettern und alles nur irgend Benagbare mit den Spuren seiner Zähne zeichnen. Der Goldhamster klettert nicht und nagt so wenig, daß man ihn ruhig frei im Zimmer herumlaufen lassen kann; er beschädigt nichts.

Dazu ist der Goldhamster rein äußerlich das niedlichste Männlein, mit seinem dicken Kopf, den großen, so klug in die Welt blickenden Augen, die ihn viel klüger scheinen lassen, als er wirklich ist, und der wunderbar geschmackvoll und doch farbenfrohen Fellzeichnung in Gold, Schwarz und Weiß. Vor allem aber sind seine Bewegungsweisen so drollig und nett, daß er immer wieder zu freundlichem Lächeln Anlaß gibt, wenn er gar eilig auf seinen kurzen Beinchen dahergeschoben kommt oder wenn er plötzlich aufrecht wie ein kleiner, in den Boden getriebener Pflock dasteht, um mit steil aufgerichteten Ohren und nunmehr noch größeren Augen nach einer eingebildeten Gefahr zu forschen.

Auf dem Tisch in der Mitte meines Zimmers, nahe am Schreibtisch steht ein einfaches kleines Terrarium, die Keimzelle meiner Goldhamsterzucht, aus der mit der Regelmäßigkeit des Kalenders alle sechs Wochen eine Brut junger Goldhamster in eine der geräumigen Kisten übersiedelt, die im Zimmer bald keinen Platz mehr haben werden. In diesem Terrarium wohnt die Stammutter mit ihren jeweils jüngsten Kindern. Blasierte Liebhaber seltener und schwer zu pflegender Tiere mögen darüber spotten, daß ein so billiges Tier, das jeder Fünfjährige versorgen kann, mich derart rührt. Mir aber kommt es nicht darauf an, wie kostbar ein Tier oder wie schwer es zu halten ist. Der Ehrgeiz vieler Vogel- und Zierfischfreunde, gerade die Arten zu pflegen, die am schwersten zu halten sind, ist mir völlig fremd. Wichtiger dünkt mich das, was man am Tier *sehen* kann, und in diesem Punkte übertrifft dieses bescheidenste aller Zimmertiere so manche allgemein gepriesenen Objekte unserer Liebhaberei. So kommt es, daß mein Auge fast noch öfter in wohlgefälliger Meditation an dem kleinen Terrarium der Goldhamster haftet als an dem Flugkäfig, der etwas weiter weg, aber in gleicher Richtung steht und der das Kostbarste und Seltenste enthält, was mein Zimmer im Augenblick zu bieten hat: ein auf drei Eiern brütendes Paar Bartmeisen.

Ich *kann* nämlich anspruchsvolle Tiere so halten, daß sie ihren gesamten Lebenszyklus vor meinen Augen, in meinem Schlafzimmer, abspielen; und erst wer es fertiggebracht hat, Bartmeisen im Zimmer zu züchten – oder etwas Ähnliches leistete –, darf über meine simplen Goldhamster und meine große Freude an ihnen spotten. Aber dann wird er voraussichtlich genug wissen, um es nicht mehr zu tun.

Wie jede *gekonnte* Tätigkeit, reizt es auch den Meister in der Tierhaltung, gelegentlich etwas nur um der besonderen Schwierigkeiten willen zu unternehmen. Für den wirklichen Könner haben solche Parforce-Stückchen natürlich hohen Übungswert; dem Anfänger aber muß man zu bedenken geben, daß ein solches Unternehmen allzu leicht zur Tierquälerei wird. Solche Haltungsversuche mit sehr empfindlichen Tieren sind ohne jene moralische Berechtigung, welche die wissenschaftliche Forschung zu derartigen Experimenten verleiht; aus reiner

Liebhaberei angestellt, haben sie immer etwas ethisch Fragwürdiges. Auch der erfahrenste Tierpfleger sollte, ehe er einen anspruchsvollen Organismus zu halten übernimmt, bedenken, daß nicht nur das geschriebene, sondern auch das viel schwerere, ungeschriebene Gesetz verlangt, das gefangene Tier aber schon gar nichts vermissen zu lassen, was für sein körperliches und seelisches Wohlbefinden vonnöten ist. In der ersten Begeisterung über den Reiz und die Schönheit eines neuen Tiers geht man diese schwere Verpflichtung oft allzu unbedenklich ein. Die Begeisterung schwindet, aber die Verpflichtung bleibt, und ehe man sich versieht, hat man eine erhebliche Bürde, die man so leicht nicht wieder los wird. Ich habe einmal auf dem kleinen Marmorbecken in unserem Gartenzimmer mehr als ein Jahr lang zwei Zwergtaucher gepflegt, winzige Schwimmvögel, sehr interessant in ihrem Verhalten und entzückend anzusehen. Diese hochspezialisierten Schwimmvögel vermögen auf dem trockenen Lande nicht frei zu stehen und nur ungeschickt und schrittweise zu laufen. Normalerweise gehen sie, außer um zu brüten, überhaupt nicht ans Land, und eben deshalb waren sie im Zimmer so reizend. Einmal eingewöhnt und zahm geworden, blieben sie ohne jedes Gitter freiwillig und frei auf der Wasserfläche des Beckens, ein entzückender Zimmerschmuck. Nur haben diese reizvollsten aller Zimmervögel die unangenehme Eigenschaft, nur Fische zu fressen, die nicht größer als vier bis fünf, aber auch nicht kleiner als zwei Zentimeter sein dürfen. Die paar Mehlwürmer und das bißchen Grünzeug, das sie zusätzlich naschen, genügen nicht, um auch nur einen halben Tag eine Hungerschädigung zu vermeiden, wenn solche Fische einmal fehlen sollten. Trotz den großen, immer von frischem Wasser durchströmten Fischbehältern, die ich für diese beiden Pfleglinge im Kellergeschoß unterhielt, und obwohl die finanzielle Seite der Angelegenheit damals keine Rolle spielte, war die ständige Sorge um die Nahrungsbeschaffung ausgesprochen aufreibend. Mehr als einmal bin ich im Winter jenes Jahres verzweifelt von einem Fischlieferanten zum anderen gelaufen oder habe ebenso verzweifelt das Eis sämtlicher fischversprechenden Tümpel der nahegelegenen Donauarme aufgehackt, nur um fischlose Tage zu überbrücken, die für meine Zwergtaucher den Tod bedeutet hätten. Obwohl ich mich nicht dazu entschließen konnte, mich von diesen »Zimmerschwänen« zu trennen, atmete ich inmitten meiner Trauer doch erleichtert auf, als die beiden eines schönen Sommertages doch den Weg zum offenen Fenster hinaus gefunden hatten.

Zur entsetzlichsten Nervensäge wird der aus Scheuheit flatternde Vogel. Du hast einen Buchfinken gekauft, er ist schön und singt gut. Da du ihn aber nicht nur hören, sondern auch sehen willst, entfernst du die Leinenhülle, in die der frühere Besitzer, ein kundiger Wiener Finkler, den Käfig eingenäht hat. Der Vogel läßt sich dadurch nicht stören und singt wie zuvor – aber nur solange du dich nicht rührst. Man darf sich nämlich nur ganz langsam und vorsichtig bewegen, sonst stürzt der Vogel wie ein Wilder mit aller Kraft gegen das Käfiggitter, daß man um Kopfhaut und Gefieder bangt. Nun, denkst du, er wird sich schon gewöhnen und zahm werden, im Brehm steht ja: »Man vermeide hastige Bewegungen«. Nun ist Brehms ›Tierleben‹ eines der herrlichsten Familienbücher, das in anderen Sprachen nicht seinesgleichen hat, nur als Ratgeber dafür, welche Vögel empfehlenswerte Hausgenossen seien, versagt es. Seine Begeisterung für die Vogelwelt läßt Brehm jeden Vogel als ideales Zimmertier sehen, obwohl gerade in dieser Hinsicht ein gewaltiger Unterschied zwischen den einzelnen Arten besteht. Dein Buchfink gewöhnt sich also nicht, wie ich denn bisher nur wenige Buchfinken kennengelernt habe, die sich an freie menschliche Bewegung gewöhnten. Weißt du aber, was es heißt, in seinem eigenen Zimmer Wochen und Wochen jede hastige Bewegung vermeiden zu müssen? Ahnst du, was es bedeutet, wenn man nicht wagen darf, einen Stuhl etwas zu verrücken, weil sich das dumme Vieh sonst wieder die eben erst frisch nachgewachsenen Stirnfedern abstößt? Bei jeder schüchternen Hantierung schielst du nach dem Finkenkäfig, voll Angst, daß das verdammte Geflatter schon wieder losgeht.

Der ›Brehm‹ erwähnt auch nicht die leidige Tatsache, daß sehr viele Zugvögel zur Zugzeit nächtens flattern. Selbst wenn der Käfig das übliche weiche Dach hat, der Vogel sich also nicht ernstlich beschädigen kann, ist doch dieses nächtliche Geflatter nicht nur für das Tier, sondern auch für den Menschen, der im selben Zimmer schläft, eine qualvolle Angelegenheit. Der Vogel stürmt keineswegs in gerichtetem Zugtrieb gegen die Gitterstäbe, er ist bloß wach, kann nicht schlafen, und der Bewegungsdrang bringt ihn immer wieder dazu, von der Sitzstange abzufliegen; da er aber im Dunkel nichts sieht, stößt er blindlings gegen das Käfiggitter. Das einzige Mittel gegen dieses Nachtgeflatter besteht darin, daß man im Käfig eine kleine elektrische Glühbirne anbringt. Sie braucht nur matt zu glühen, gerade so viel, daß der

Vogel Sitzstangen und Käfiggitter zu sehen vermag. Erst seit ich dieses Mittel erfand, sind Nachtruhe und Freude an den Grasmückenarten wirklich ungestört.

Nicht dringend genug kann ich den angehenden Vogelliebhaber davor warnen, die *Lautstärke* eines Vogelliedes zu unterschätzen, das im Freien nur süß und milde klingt. Wenn ein Amselmann oder ein Nachtigallenmann im Zimmer loslegt, wackeln tatsächlich die Fensterscheiben, und die Schalen auf dem Kaffeetischchen beginnen leise zu tanzen. Die Grasmückenarten, Gelbspötter und die meisten Finkenartigen sind fürs Zimmer nicht zu laut, höchstens der Buchfink kann durch die ewige Wiederholung seiner schmetternden Strophe einigermaßen auf die Nerven fallen. Überhaupt sind Vögel, die nur über eine einzige, nie variierte Strophe verfügen, einem nervösen Menschen dringend abzuraten. Unbegreiflich etwa, daß es Leute gibt, die den Wachtelhahn nicht nur ertragen, sondern ihn gerade seines »Pick-per-wick« wegen halten. Man denke sich drei Seiten dieses Buches nur mit den Wiederholungen der Silben »Pick-per-wick« vollgeschrieben, so hat man eine gute Vorstellung vom Wachtellied. So reizvoll es im Freien klingt, im Zimmer ruft es, wenigstens bei mir, eine ähnliche Wirkung hervor wie eine gesprungene Grammophonplatte, auf der die Nadel zurückhüpft.

Die schlimmste aller Nervenbelastungen aber ist tierisches Leiden. Schon aus diesem Grund, selbst wenn es keine anderen und gewichtigeren ethischen Gründe gäbe, ist dringend zu raten, zunächst nur Tiere solcher Arten anzuschaffen, die leicht und verläßlich gesund zu erhalten sind. Ein tuberkulöser Papagei bringt eine Stimmung ins Haus wie ein sterbendes Familienmitglied. Sollte trotz aller Vorsicht ein Tier doch einmal unheilbar erkranken, so lasse man ihm unbedenklich die Wohltat zuteil werden, die der Arzt menschlichen Patienten im gleichen Falle nicht erweisen darf.

Die Fähigkeit zu leiden steht bei allen Lebewesen in geradem Verhältnis zu ihrer geistigen Entwicklungshöhe, was vor allem für seelisches Leiden gilt. So wenig ein dümmeres Tier, Nachtigall, Grasmücke oder Goldhamster, psychisch unter einer engeren Gefangenschaft leidet, so sehr tut dies ein geistig höherstehendes Wesen, ein Rabenvogel, größerer Papagei oder gar ein Mungo, ganz zu schweigen von Halbaffen und Affen. Will man ein kluges Tier wirklich kennenlernen, muß man es von Zeit zu Zeit freilassen. Ein solcher zeitweiliger Urlaub aus dem Käfig scheint auf den ersten Blick gegenüber der dauernden Gefangenschaft keine wesentliche Verbesserung in der Lebenslage des Tieres zu erwirken. Und doch macht er für das psychische Wohlbefinden des Pfleglings unschätzbar viel aus. Er bedeutet gegenüber dauerndem Eingesperrtsein genau denselben unermeßlich großen Unterschied, der zwischen dem Leben eines stets »angehängten« Arbeitsmenschen und dem eines Zuchthäuslers besteht.

Freilassen? Ja, laufen und fliegen die »wilden Tiere« dann nicht augenblicklich auf und davon? Nun, gerade jene klugen Tiere, die unter dem dauernden Käfigleben seelisch leiden, tun das nicht. Alle Tiere, ausgenommen die allerniedrigsten, sind »Gewohnheitstiere«; sie wollen die einmal gewohnte Lebensweise um keinen Preis ändern. Eben deswegen würde *jedes* Tier, das man nach längerer Gefangenschaft plötzlich freiläßt, in seinen Käfig zurückkehren, *wenn es den Weg dahin fände.* Dazu sind jedoch die allermeisten Kleinvögel einfach zu dumm. Geriete einer meiner Gartenrotschwänze oder eine meiner Bartmeisen aus dem offenen Fenster ins Freie, so fände dieser Vogel sicher nicht den Weg zurück. Nur sehr »raum-intelligente« Kleinvögel, beispielsweise Haussperling und Uferschwalbe, bringen es prompt fertig, die verschiedensten Fenster und Türen unseres Hauses zielsicher zu benutzen. Bei solch zahmen, freifliegenden Kleinvögeln ist jedoch ihre außerordentliche Gefährdung zu bedenken, die wegen der Vertrauensseligkeit noch größer ist als bei einem wild lebenden Artgenossen.

Die Vorstellung also, ein wirklich zahmer Mungo, Fuchs oder Affe müsse, freigelassen, unbedingt versuchen, endgültig in die »goldene Freiheit« zurückzukehren, bedeutet eine falsche Vermenschlichung. Die Tiere wollen nicht fort, nur aus dem Käfig hinaus. Es ist demnach kein Problem, den zahmen Raben, Mungo, Mogozmaki oder Kapuzineraffen am Davonlaufen zu hindern, wohl aber, es so einzurichten, daß *dich* das Tier in Tagesarbeit oder Feierabendruhe nicht stört. Ich habe eine jahrzehntelange Übung darin, in Gegenwart lebendiger Tiere und noch lebendigerer Kinder zu arbeiten, aber es irritiert mich, wenn ein Kolkrabe mir die Blätter meines Manuskriptes wegzutragen versucht, ein Star durch den Propellerwind seiner Flügel alles Papierene vom Schreibtisch hinunterweht oder ein Kapuziner hinter meinem Rücken mit irgend etwas Zerbrechlichem experimentiert, so daß man jeden Augenblick auf ein Krachen und Klirren gefaßt sein muß.

Wenn ich mich an den Schreibtisch setze, um zu arbeiten, muß alles, was da kreucht und fleucht, in die Käfige. Gerade jene klugen Wesen nämlich, die Wert darauf legen, den Käfig verlassen zu dürfen, kann man sehr wohl so dressieren, daß sie auf Befehl wieder hineingehen (den Mungo ausgenommen). Aber hat man den gefürchteten Befehl gegeben, reut es einen auch schon wieder, weil das Tier, das still und artig in den Käfig kriecht, geradezu verlockt, den Befehl zu widerrufen, was vom erzieherischen Standpunkt aus völlig verwerflich wäre. Hockt dann das arme Wesen tödlich gelangweilt wieder in seinem Käfig, macht es einen fast nervöser als knapp vorher, da es frei war. Die Sache verhält sich dann ganz genau so, wie wenn man einer kleinen Tochter den Aufenthalt in seinem Arbeitszimmer gestattet, ihr aber streng verbietet, zu sprechen oder sonstwie zu stören. Der innere Kampf zwischen Artigkeit und einer sich aufdrängenden Frage, der sich mimisch-dramatisch in dem Gesichtchen malt, gehört zu dem Süßesten, was eine kleine Tochter zu bieten hat, aber er stört bei der Arbeit mehr als eine ganze Horde von Staren, Raben und Affen.

Die fürchterlichste Nervensäge in gerade dieser Hinsicht war meine Schäferhündin Tito. Sie gehörte zu jenen übertrieben treuen Hunden, die absolut kein Privatleben führen, sondern überhaupt nur in und mit ihrem Herrn existieren können. Sie blieb bei mir liegen, auch wenn ich Stunden und Stunden am Schreibtisch saß. Sie war viel zu taktvoll, um zu winseln oder sich auf andere Art bemerkbar zu machen. Sie sah mich nur an! Und dieser Blick der bernsteingelben Augen, in denen nur die Frage stand: »Wann gehst du endlich, endlich mit mir aus?«, dieser Blick war die Mahnung eines schlechten Gewissens und drang mühelos durch dicke Mauern, wenn ich sie aus dem Zimmer gewiesen hatte, wußte ich doch, daß sie jetzt vor der Haustür lag und daß der Blick der Bernsteinaugen nunmehr an der Türklinke haftete.

Während ich dieses Kapitel, vor allem dessen letzte Seite, noch einmal durchlese, wandelt mich die Furcht an, ich könnte die negativen Seiten der Tierhaltung zu sehr betont und dich von der Anschaffung eines Tieres abgeschreckt haben. Versteh mich recht: Wenn ich so sehr betonte, welche Tiere man *nicht* anschaffen soll, so tat ich es nur deshalb, weil ich befürchte, Enttäuschung und nervenverbrauchende Erlebnisse mit deinem ersten Pflegling könnten dir die edelste, schönste und lehrreichste Liebhaberei vergällen und endgültig verderben. Ich nehme es nämlich sehr ernst mit der Aufgabe, in möglichst vielen Menschen ein tieferes Verständnis für die anbetungswürdigen Wunder der Natur zu erwecken, ich bin fanatisch darauf aus, Proselyten zu werben. Und wenn einer, der dieses Buch bis hierher geduldig gelesen hat, sich von ihm verleiten läßt, sich nun wirklich ein Aquarium einzurichten oder ein paar Goldhamster zu kaufen, so habe ich der guten Sache wahrscheinlich einen treuen Jünger geworben.

Mitleid mit Tieren

Achtet man in einem großen zoologischen Garten, etwa in Schönbrunn, auf die Äußerungen des Publikums, so erfährt man regelmäßig, daß ein sentimentales Mitleid an Tiere verschwendet wird, denen in ihrer Haut überaus wohl ist, während das wirkliche Leiden, das es in den meisten Tiergärten auch gibt, so gut wie keiner bemerkt. Vor allem bedauert man solche Tiere, die ihres bestimmten emotionalen Wertes wegen in der Dichtung eine große Rolle spielen, wie Nachtigall, Löwe oder Adler.

Über die Nachtigall brauche ich hier nichts mehr zu sagen. Für sie gilt, was für alle geistig nicht sehr hoch stehenden Kleinvögel bereits angemerkt wurde. Das allein gekäfigte Männchen »leidet« natürlich bis zu einem gewissen, sicher sehr mäßigen Grade darunter, daß sich auf seinen Gesang kein artgleiches Weibchen einfindet, aber das kann ihm schließlich in der Freiheit auch passieren.

Was den »Wüstenkönig« betrifft, so leidet er unter engerem Gewahrsam weit weniger als die allermeisten anderen Raubtiere, die auf einer ähnlich hohen geistigen Entwicklungsstufe stehen, und zwar deshalb, weil sein Bewegungsdrang geringer ist. Um es schonungsloser herauszusagen: Der Löwe ist so ziemlich das faulste aller Raubtiere, er ist geradezu beneidenswert faul. In freier Wildbahn legt er jagend zwar oft gewaltige Strecken zurück, aber offenbar nur unter dem Druck des Hungers, nicht aus innerem Antrieb. Man wird daher fast niemals einen Löwen in Gefangenschaft rastlos auf und ab rennen sehen, wie es die armen Füchse und Wölfe stunden- und stundenlang tun. Hat er einmal genügend Bewegungsdrang aufgestaut, um sich zum Aufundabgehen zu entschließen, was übrigens nur in sehr kleinen Käfigen der Fall sein wird, dann trägt diese Bewegung den Charakter eines sehr gemütlichen Verdauungsspaziergangs und hat nichts von der irren Hast, mit der Hundeartige ihren starken Lauftrieb abreagieren. Als man im Berliner Zoo für die Löwen ein gewaltiges Freigehege mit Wüstensand und gelben Felsenklippen gebaut hatte, erwies sich dieser teure Bau als völlig sinnlos. Man hätte ebensogut ein Diorama mit ausgestopften Löwen hinstellen können, so hartnäckig faul lagen die Viecher in der romantischen Landschaft herum.

Und nun gar die Adler! Es tut mir geradezu leid, die märchenhaften Illusionen über diese herrlichen Vögel zerstören zu müssen, will ich bei der Wahrheit bleiben: Aber alle Raubvögel sind, gemessen etwa an Singvögeln oder Papageien, sehr dumme Tiere, und gerade der Steinadler, »der Adler« unserer Berge und unserer Dichter, ist eines der dümmsten unter ihnen, viel dümmer als jedes Hendel!

Ich erinnere mich noch, welche Enttäuschung mir mein erster und einziger Adler bereitete, ein Kaiseradler, der bei Findeis von einer Wandermenagerie in Kommission war und den ich um ganze sechzig Schilling erwarb. Es war ein wundervoll schönes, nahezu ausgefärbtes, also mehrere Jahre altes Weibchen. Der Vogel war völlig zahm und begrüßte seinen Pfleger und später auch mich mit einer merkwürdigen Zärtlichkeitsgebärde, bei der er den Kopf mit der Oberseite nach unten drehte, so daß der furchtbare Haken des Schnabels lotrecht nach oben zeigte. Dazu sagte das Tier leise und sanfte Töne, die einer Turteltaube würdig gewesen wären; gemessen an der, war er übrigens ein Lamm. Eigentlich hatte ich ihn gekauft, weil ich ihn zur Jagd abtragen wollte, wie es Kirgisen und andere Völker seit jeher mit diesen Raubvögeln tun. Ich schmeichelte mir natürlich nicht, daß ich sportliche Erfolge mit der edlen Beizjagd erringen würde, doch hoffte ich, Beobachtungen über Jagd und Beutemachen eines großen Raubvogels anstellen zu können, und wäre es nur beim Schlagen ausgesetzter Stallkaninchen. Dieser Plan scheiterte daran, daß mein Adler, auch wenn ihn hungerte, dem Versuchskaninchen nichts zuleide tat.

Er zeigte sich auch wenig fluglustig, obwohl er gesund und kräftig und auch im Besitze tadelloser Flugfedern war. Kolkrabe, Kakadu und Bussard fliegen zum Vergnügen, sie genießen spielerisch den Reichtum ihrer Fähigkeit. Anders dieser Adler. Er flog überhaupt nur, wenn günstiger Aufwind in unserem Garten war, so daß er ohne eigene Muskelkraft in Lüften bleiben konnte, und selbst dann kreiste er niemals wirklich hoch hinauf. Wollte er wieder herunter, mißlang es ihm regelmäßig, seine Heimstätte wiederzufinden. Er kreiste völlig orientierungslos umher und landete schließlich irgendwo in der Gegend. Dort blieb er dann unglücklich und belämmert sitzen und wartete, daß ich ihn hole. Vielleicht wäre er auch einmal heimgekommen; aber das große Tier war so auffällig, daß man mich immer sehr bald von irgendwo telefonisch anrief, der Adler sitze dort und dort auf einem Hausdach. Dann mußte ich hin, und zwar zu Fuß, weil das dumme Vieh das Fahrrad verzweifelt fürchtete. Viele, viele Kilometer bin ich auf diese Art mit dem Adler auf dem Arm nach Hause gewandert, wieder und immer wieder. Da ich ihn aber nicht dauernd angefesselt halten wollte, schenkte ich den Vogel schließlich dem Schönbrunner Tiergarten.

Der große, eben jetzt wieder hergestellte Raubvogelflugkäfig in Schönbrunn genügt dem Bewegungsbedürfnis eines Adlers reichlich. Und könnte man einen solchen Vogel interviewen, so würde er auf die Frage, was er sich wünsche oder worüber er zu klagen habe, etwa folgendermaßen sich äußern: Wir leiden hier vor allem an der Übervölkerung dieses Raumes. Sooft ich oder meine Frau einen Zweig zu unserem geplanten Nestbau hinlegen, kommt einer der ekelhaften Gänsegeier und trägt ihn weg. Auch die Gesellschaft der Seeadler fällt mir auf die Nerven, sie sind stärker als wir und fürchterlich anmaßend. Von dem großen Kondor, dem widerlichen Kerl, ganz zu schweigen. Die Verpflegung ist ganz gut, nur etwas zu viel Pferdefleisch, kleinere Tiere, etwa Kaninchen mit Fell und Knochen schmeckten mir weit besser. Von einer Sehnsucht nach der goldenen Freiheit würde er nichts sagen. Welche Tiere sind nun in Gefangenschaft wirklich arm und bedauernswert? Diese Frage hat zum Teil schon das vorangegangene Kapitel beantwortet: in erster Linie jene klugen und hochstehenden Wesen, deren reger Geist und Tätigkeitsdrang im Käfig keine Befriedigung findet. Weiterhin aber überhaupt alle jene, die unter der Herrschaft eines starken Triebes stehen, den sie in Gefangenschaft nicht ausleben können. Am auffälligsten, auch dem Unkundigen bemerkbar, ist das bei Tieren, die im Freileben große Strecken zurücklegen und dementsprechend einen sehr starken Drang nach Ortsveränderung haben. Füchse und Wölfe, in

Schönbrunn wie in vielen anderen unmodernen zoologischen Gärten in viel zu kleinen Käfigen untergebracht, sind wegen ihres gestauten Laufdranges so ziemlich die bedauernswertesten aller Zootiere.

Ein für den Verständigen besonders mitleiderregendes Schauspiel, das dennoch von den wenigsten Menschen bemerkt wird, sind zur Zugzeit die Singschwäne. Man pflegt diese Tiere, wie die meisten anderen Schwimmvögel auch, in zoologischen Gärten durch Amputation einer Hand für Lebzeiten flugunfähig zu machen. Die Vögel begreifen nie recht, daß sie nun nicht mehr fliegen können, und versuchen es immer wieder. Ich mag amputierte Wasservögel nicht; das Fehlen der einen Flügelspitze und der noch üblere Anblick, den der Vogel bietet, sowie er die Flügel öffnet, verderben mir jede Freude an solchen Tieren, und zwar auch an Arten, die seelisch durchaus nicht unter der Verstümmelung leiden. Auch Singschwäne tun dies im allgemeinen nicht und bekunden ihr Wohlbefinden bei geeigneter Pflege dadurch, daß sie ohne weiteres brüten und ihre Jungen aufziehen. Nur zur Zugzeit wird es anders. Da streben die Vögel immer wieder schwimmend der Seite des Teiches zu, welche der Windrichtung entgegengesetzt ist, um die ganze Wasserfläche für den Anlauf zur Verfügung zu haben, und immer wieder ertönen ihre klangvollen Flugsignale, versuchen sie aufzufliegen, und immer wieder verebbt der große Ansatz in einem kläglichen Geflatter der anderthalb Flügel. Ein wahrhaft trauriger Anblick!

Weitaus am schlimmsten sind natürlich bei der herkömmlichen Art der tiergärtnerischen Haltung jene geistig regsamen Wesen dran, von denen wir oben unter dem Thema »Nervensäge« gesprochen haben. Diese

Tiere aber erwecken fast niemals das Mitleid des Zoobesuchers, am allerwenigsten dann, wenn ein solches, ursprünglich geistig höchst bewegliches Wesen unter dem Einfluß engster Gefangenschaft zu einem armen Irren, zu einem Zerrbild seiner selbst entwürdigt wurde. Noch nie habe ich in einem Zoo vor den kleinen Käfigen der großen Papageien aus dem Publikum eine Äußerung des Mitleids vernommen. Die sentimentalen älteren Damen, die fanatischsten Verfechterinnen des Tierschutzgedankens, finden selten etwas dabei, einen Graupapagei, eine Amazone oder einen Kakadu in einem verhältnismäßig winzigen Glockenbauer oder gar an einen Ständer gefesselt zu sehen. Gerade die großen Papageien sind nicht nur klug, sondern auch geistig wie körperlich ungemein regsam, neben den großen Raben vielleicht überhaupt die einzigen Vögel, die jenes Leiden kennen, das auch den gefangenen Menschen quält: die Langeweile. Aber niemand bedauert diese wirklich bedauernswerten Tiere in ihren turm- oder glockenförmigen Marterkästen. Verständnislos glaubt die mitleidvolle Besitzerin, der Vogel mache einen »Diener«, wenn er immer wieder die kleine Verbeugung wiederholt, die als stereotyp gewordener Rest von den verzweifelten Bewegungen übriggeblieben ist, mit denen der Vogel ursprünglich einen Ausweg aus seinem Käfig suchte und immer wieder vergebens zum Fluge ansetzte. Befreist du einen solchen Unglücklichen aus seiner Haft, so dauert es Wochen, ja Monate, bis er es wagt, wirklich aufzufliegen.

Doch bei weitem am ärmsten in engerer Käfiggefangenschaft sind Affen, vor allem die großen Menschenaffen. Sie sind wohl auch die einzigen gefangenen Tiere, die durch ihre seelischen Leiden ernstlich und merkbar körperlichen Schaden nehmen können. Menschenaffen langweilen sich zuweilen buchstäblich zu Tode, vor allem dann, wenn sie einzeln in zu engen Käfigen gehalten werden. Es erklärt sich aus dieser und keiner anderen Ursache, daß Affenkinder wundervoll gediehen und wuchsen, solange sie in privatem Besitz »Familienanschluß« hatten, aber sofort dahinzusiechen begannen, sowie sie, zu groß und gefährlich geworden, in die Käfige des nächsten zoologischen Gartens übersiedelten. Meinem Kapuziner Gloria erging es genauso. Es ist nicht übertrieben, wenn ich behaupte, daß ein wirklicher Erfolg in der Haltung der Menschenaffen erst einsetzte, als man lernte, die seelischen Leiden der Gefangenschaft zu verhindern. Ich habe eben das wunderbare Schimpansenbuch von Robert Yerkes, dem besten Kenner dieser Art Menschenaffen zur Hand, aus dem hervorgeht, daß die »geistige Hygiene« (mental hygiene) für die Gesunderhaltung dieser menschenähnlichsten aller Lebewesen mindestens eine ebensogroße Rolle spielt wie die körperliche. Menschenaffen dagegen in Einzelhaft und in so kleinen Käfigen zu halten, wie sie in unserem Schönbrunner Tiergarten zur Verfügung stehen, ist eine Grausamkeit, die gesetzlich verboten werden sollte.

In seiner großen Menschenaffenstation in Orange Park, Florida, hält Yerkes seit Jahrzehnten eine Schimpansenkolonie, die sich reichlich vermehrt hat und in der die Affen so glücklich leben wie meine Zaungrasmücken in ihrem Flugkäfig, viel glücklicher als du und ich.

An einem frühen Sonntagmorgen im beginnenden März, da es schon ein wenig nach Osterhasen riecht, gehen wir durch den hochstämmigen Rotbuchenwald, der nirgends schöner und nur an wenigen Orten ebenso schön wächst wie bei uns im Wienerwald. Wir nähern uns einer Waldwiese. Die hohen glatten Säulen der Rotbuchen machen den bis untenhin belaubten Hainbuchen des Waldrandes Platz, und wir gehen langsamer und vorsichtiger. Ehe wir durch das letzte Gebüsch dringen und aus der Deckung hinaus auf die freie Fläche der Wiese treten, tun wir, was alle wilden Tiere und alle guten Tierkenner, Wildschweine, Leoparden, Jäger und Zoologen im gleichen Fall tun: Wir verhoffen und suchen der Deckung, ehe wir sie verlassen, jenen Vorteil abzugewinnen, den sie für Jäger wie für Gejagte bieten kann, nämlich den, sehen zu können, ohne selbst gesehen zu werden.

Und diese uralte Strategie bewährt sich auch hier, wir sehen tatsächlich jemanden, der uns noch nicht wahrgenommen hat, da der Wind von ihm her weht: Mitten auf der Waldwiese sitzt ein großer, dicker Hase. Er sitzt mit dem Rücken zu uns, macht aus seinen Ohren ein großes V, äugt und lauscht offensichtlich nach etwas am nicht fernen gegenüberliegenden Rande der Wiese. Von dort löst sich bald ein zweiter, ebensogroßer Hase und kommt langsam und würdig auf den ersten zugehoppelt. Zuerst erfolgt eine gemessene Begrüßung, nicht unähnlich jener zeremoniösen zweier Hunde. Aber aus ihr heraus entwickelt sich rasch eine merkwürdige Kreisbewegung: Die beiden Hasen rennen in winzigem Kreise, jeder mit dem Kopf dicht an der Blume des anderen, einander nach. Und plötzlich bricht aus der angesammelten Spannung der Kampf hervor, wie eben Krieg zu beginnen pflegt, just in dem Augenblick, wenn man aus dem langen gegenseitigen Androhen der Partner zu dem Schluß gekommen ist, daß sich ja keiner von beiden getraut, tätlich zu werden. Hochaufgerichtet stehen die Hasen auf den Hinterläufen einander gegenüber und trommeln mit den Vorderläufen aufeinander los. Dann springen sie gegeneinander in die Höhe und tun unter Quietschen und Murksen irgend etwas Fürchterliches und Durchgreifendes mit den Hinterläufen, das aber zu schnell geht, als daß man ohne Zeitlupenauge über die Mechanik der Sache Klarheit gewinnen könnte. Nun haben sie vorläufig genug und laufen einander wieder, nur viel rascher als vorher, nach. Hierauf folgen neue, noch erbittertere Tätlichkeiten. So vertieft sind die beiden Kämpfer, daß es mir gelingt, samt kleiner Tochter noch wesentlich näher an sie heranzuschleichen, obwohl das nicht ganz geräuschlos abgeht. Jeder normale und vernünftige Hase hätte uns längst gehört, aber im März ist der Hase bekanntlich verrückt, im Englischen sogar sprichwörtlich: Mad as a march hare. Das Hasenturnier sieht so urkomisch aus, daß die kleine Tochter trotz drakonischer Erziehung zum Stillesein beim Beobachten von Tieren einen kleinen Gluckser nicht unterdrücken kann. Das ist natürlich selbst für Märzhasen zu viel – zwei Fluscher nach zwei verschiedenen Richtungen, und die Wiese ist leer. Genau in der Mitte schwebt noch, leicht wie ein Weidensamen, eine große Flocke Hasenwolle in der Luft.

Nicht nur komisch, nein, beinahe rührend wirkt dieses Duell der Waffenlosen, dieser wütende Zorn der Sanftmütigen. Sind sie aber wirklich so sanftmütig? Hat man in einem zoologischen Garten jeweils zwei Adler, Löwen oder Wölfe so aneinandergeraten sehen, ist einem das Lachen wohl fern gewesen. Und doch ist keinem der beiden Gewaltigen mehr geschehen, als eben den beiden Hasen. Die meisten Menschen sind gewohnt, einen durchaus unrichtigen moralisierenden Maßstab an räuberische und pflanzenfressende Tiere zu legen. Schon im deutschen Märchen, wie auch in Goethes Reineke Fuchs, werden »die Tiere« als eine Gemeinschaft dargestellt, die der menschlichen Gesellschaft vergleichbar ist, so etwa, als wären »die Tiere« sämtlich Wesen einer und derselben Art, wie »die Menschen« es wirklich sind. Es wird daher dem Tiere das Töten von Tieren genauso übel angerechnet wie einem Menschen, tötet er seinesgleichen. Dem Fuchs, der einen Hasen reißt, wird diese Tat nicht so angerechnet wie dem menschlichen Jäger, der aus den gleichen Motiven einen Hasen schießt, sondern ganz so, wie man es dem Herrn Oberförster anrechnen würde, wenn er gewohnheitsmäßig Bauern abschösse und zum Abendessen briete. Das »böse« Raubtier wird zum Mörder gebrandmarkt. Warum überhaupt »Raub«-Tier, warum nicht »Jagd«-Tier? Schon im Wort liegt eine falsch moralisierende Vermenschlichung. Die Begriffe Raub und Mord beziehen sich doch nur auf Vergehen wider den Mitmenschen, den Artgenossen. Und dem Artgenossen gegenüber benehmen sich die meisten Raubtiere genauso sozial und »anständig« wie harmlose Pflanzenfresser. Genauso? Wir wollen einmal näher zusehen.

Zunächst sei aber noch eine andere Geschichte erzählt.

Noch viel harmloser als ein Hasenkampf sieht der Streit zweier Turtel- oder Lachtauben aus. Das zarte Picken des Schnäbelchens, der leichte Klaps der weichen Flügelchen wirkt geradezu rührend und ist fürwahr nicht dazu angetan, ernstlich zu verletzen – sollte man meinen! Ich wollte einst aus bestimmten Gründen Kreuzungen der afrikanischen Lachtaube mit der einheimischen, noch etwas zarteren Turteltaube züchten und setzte zu diesem Zwecke einen zahmen, jung aufgezogenen Turteltauber zusammen mit einer weiblichen Lachtaube in einen geräumigen Käfig. Die anfänglich kleine Reiberei zwischen den beiden prospektiven Liebesleuten nahm ich nicht weiter ernst. Wie sollten diese Sinnbilder der Liebe und Sanftmut einander Schaden zufügen können?

Ich fuhr also getrost nach Wien. Als ich am nächsten Tag heimkam, bot sich mir ein grauenvoller Anblick. Der Turteltauber lag in einer Käfigecke auf dem Boden. Hinterkopf, Oberseite des Halses und der ganze Rücken bis an die Schwanzwurzel waren nicht nur völlig kahlgerupft, sondern so geschunden, daß sie eine einzige Wundfläche bildeten. Auf der Mitte dieser Fläche, wie ein Adler auf seiner Beute, stand das zweite Friedenstäubchen. Mit dem versonnenen Gesichtsausdruck, der dem vermenschlichenden Beobachter diese Vögel so sympathisch erscheinen läßt, pickte das Vieh pausenlos in den Wunden des buchstäblich »Unterlegenen« herum. Raffte sich der auf, um mit letzter Kraft zu entkommen, war es sofort wieder hinter ihm her, klapste ihn mit den weichen Flügelchen zu Boden und setzte sein erbarmungsloses, langsames Tötungswerk fort, obwohl es selbst davon schon so müde war, daß ihm immer wieder die Augen zufallen wollten. Außer bei manchen Fischen, die sich im Kampf ebenfalls die Oberhaut abraspeln, habe ich niemals an einem Wirbeltier ähnlich gräßliche Verletzungen gesehen, die von *einem Artgenossen zugefügt* worden waren.

Aber wie müssen dann erst Raubtiere gegen ihresgleichen wüten, höre ich fragen, jene blutdürstigen Bestien, denen die Natur gewaltige Waffen verlieh! Wie schrecklich muß etwa ein Kampf zweier Wölfe sein, wenn beinahe waffenlose Pflanzenfresser, wie die Tauben, einander zu Tode schinden.

Ja, so sollte man meinen. Doch vielleicht weiß der Leser schon, daß man das nicht sollte; weil man nämlich überhaupt nichts meinen soll, wenn die Möglichkeit besteht nachzusehen, wie es sich verhält. So wollen wir denn als Naturforscher auch nachschauen, was geschieht, wenn zwei Wölfe, große, wilde, reißende Wölfe, die Sinnbilder aller schonungslosen Grausamkeit, ernstlich miteinander kämpfen. Du brauchst, um dies zu sehen, weder nach Alaska zu Jack Londons Schlittenhunden und Wölfen zu fahren, eigentlich nicht einmal mir in den herrlichen Zoo nach Whipsnade bei London zu folgen, wo ein großes Wolfsrudel in einem gewaltigen, mit Fichten bestandenen Gehege wie in Freiheit lebt und wo ich einst Gelegenheit hatte, einen ernstlichen Kampf zweier Wolfsrüden zu beobachten – du brauchst überhaupt nichts zu tun, als dich an etwas zu erinnern, was du zweifellos schon dutzendmal gesehen hast: nämlich kämpfende Haushunde. Auch sie verwenden noch denselben unverbrüchlichen Kampfkomment wie ihre wilden Vorfahren, die Wölfe und Schakale.

Zwei Hunde, ältere Rüden, begegnen einander auf der Straße. Steifbeinig, die Schwänze hoch aufgerichtet, Nacken- und Schulterhaar leicht gesträubt, schreiten sie aufeinander zu. Je näher sie kommen, desto höher, steifer und gesträubter sind sie anzusehen, immer langsamer rücken sie vor, nicht Kopf an Kopf, Stirn gegen Stirn, wie drohende Hähne es tun, sondern aneinander vorbei, so daß sie schließlich Flanke an Flanke und Kopf an Schwanz dicht nebeneinander stehen. Dann schreibt ein strenges Zeremoniell vor, daß jeder die Hinter-Region des anderen berieche. Überkommt einen der Hunde in diesem Entwicklungsstadium der Ereignisse die Angst, so klappt plötzlich sein Schwanz nach unten, und er entzieht mit einer raschen weichen Wendung um hundertachtzig Grad dem anderen die Beriechungsmöglichkeit. Bleiben aber beide Hunde in Imponierstellung, bleiben beide Schwänze als starre Standarten steil aufgerichtet, zieht sich das Beriechen von hinten meist lange hin. Noch kann alles sich in Wohlgefallen lösen, noch ist es möglich, daß zuerst einer, dann beide Schwänze rasch und kleinschlägig zu wedeln anfangen und daß aus der ganzen, für den Beschauer nervös und peinlich wirkenden Situation nichts Schreckliches entsteht, sondern ein lustiges Hundespiel.

Tritt diese Lösung jedoch nicht ein, wird die Lage immer gespannter und allmählich bedrohlich. Die Nasen beginnen sich zu runzeln und mit einem ekelhaften brutalen Ausdruck aufzustülpen, die Lippen sich zu kräuseln, so daß die Eckzähne sichtbar werden, und zwar bei jedem Tier nur auf der dem Gegner zugewandten Seite, dann fangen die Hunde mit den Tatzen entsetzlich zu scharren an, ein tiefes Grollen steigt aus der Brust empor, und auf einmal, jäh, entbrennt der Kampf mit lautem, nervenaufpeitschendem Geschrei.

Ähnlich verlief der oben erwähnte Kampf zweier Wolfsrüden, den ich in Whipsnade sah. Leiser, und doch viel bedrohlicher als das der Haushunde, klang das leidenschaftlich verhaltene Grollen der Wölfe, das mich auf diesen Zusammenstoß aufmerksam machte. Ein riesiger, hellgrauer alter Wolf und ein kaum kleinerer, aber sichtlich jüngerer, standen einander gegenüber und kreisten mit bewundernswerter »Fußtechnik« in engstem Zirkel. Die furchtbaren Brechscheren der Gebisse flitzten in blitzraschem Wechsel von Biß und Gegenbiß, das Auge vermochte nicht zu folgen. Noch war eigentlich nichts Ernstes geschehen, stets traf das Schnappen des einen Wolfes nur auf die weißen Zähne des anderen, die den Biß parierten. Nur die Lippen der Kämpfenden schienen ein paar Schmisse davongetragen zu haben. Doch der kleinere Wolf wurde mehr und mehr zurückgedrängt, und ich ahnte, daß der erfahrenere Gegner darauf aus war, ihn gegen das Umzäunungsgitter zu manövrieren. Tatsächlich stieß der Jüngere jetzt gegen den Draht, stolperte, und schon war der Alte über ihm. Und nun geschieht das Merkwürdige, nämlich genau das Gegenteil dessen, was man erwarten würde.

Schlagartig ist das Umherwirbeln der grauen Körper zur Ruhe gekommen. Beide Tiere stehen still, ganz still, Schulter an Schulter gedrängt, aber nunmehr umgekehrt zueinander orientiert, also beide Köpfe in gleicher Richtung. Beide knurren böse, der Alte in tiefstem Baß, der Jüngere in hohen Kopftönen. Doch man beachte die

Stellung der beiden Raubtiere genau: Der alte Wolf hat sein Maul dicht, ganz dicht am Hals des jüngeren. Und dieser hält seinen Kopf *abgewendet,* er bietet die Krümmung seines Halses, die verwundbarste Stelle seines Körpers, schutzlos dem Feinde dar! Keine drei Zentimeter von der gespannten Wölbung seines Halses, da, wo die große Vene dicht unter der Haut liegt, schimmern die Fangzähne des Gegners unter den böse emporgezogenen Lefzen hervor. Während vorher, im Kampf also, das ganze Bestreben beider Gegner darauf gerichtet war, den Bissen des anderen nur die Zähne, den einzigen unverwundbaren Teil des Körpers darzubieten und gerade den Hals vor dem angreifenden Feinde zu schützen, sieht es jetzt so aus, als böte der Unterlegene *absichtlich* denjenigen Körperteil, in den jeder Biß tödlich sein muß. Und es sieht nicht nur so aus, sondern es ist erstaunlicherweise tatsächlich so.

Die gleiche Szene ist, wie gesagt, auch immer und überall an gewöhnlichen Straßenkötern zu sehen. Ich wählte deshalb die Wölfe von Whipsnade als Beispiel, weil sich am wilden Tier, das zum Symbol der Grausamkeit geworden ist, dieses Verhalten eindrucksvoller und überzeugender beschreiben läßt, als am allzu vertrauten Haustier.

Wir haben unsere beiden Wölfe in einer äußerst spannenden und gespannten Situation verlassen. Das war kein Stilfehler, denn diese einzigartige Situation dauert auch in Wirklichkeit etliche Sekunden, die dem Beschauer wie Minuten, dem unterlegenen Wolf aber wahrscheinlich wie Stunden vorkommen. Jeden Augenblick ist man gewärtig, daß der Stärkere zubeißt, daß seine Zähne die Halsvene des Besiegten zerreißen.

Der überlegene Wolf oder Hund beißt aber in dieser Situation sicher nicht zu. Man sieht ihm an, daß er es eigentlich gern möchte, aber einfach nicht *kann!* Ein Hund oder ein Wolf, der in der eben geschilderten Weise dem Gegner den Hals darbietet, wird niemals ernstlich gebissen. Der andere grollt und knurrt, klappt mit dem Gebiß und führt sogar, ohne gebissen zu haben, die Bewegungsweise des Totschüttelns in leerer Luft aus. Allerdings besteht diese merkwürdige Hemmung, tatsächlich zuzubeißen, nur, solange der Unterlegene die »Demutstellung« beibehält. Da sie den Kampf so plötzlich stoppt, befindet sich in diesem Augenblick der Sieger häufig in irgendeiner vertrackten Stellung über dem Besiegten. So zu verharren, mit der Schnauze am Hals des Unterlegenen, wird dem »moralischen Sieger« – zubeißen kann er ja nicht – allmählich langweilig. Hat er sich nun einige Schritte entfernt, versucht der Unterlegene häufig rasch das Weite zu gewinnen. Das gelingt ihm jedoch zunächst meistens nicht; sobald er nämlich seine starre Demutstellung verläßt, ist der andere wie ein Gewitter über ihm, und der unglückliche Besiegte muß wieder mit abgewandtem Kopf und dargebotenem Halse in Demut erstarren. Es scheint, als *warte* der Sieger nur darauf, daß der andere seine Demutstellung aufgebe und ihm dadurch das heißersehnte Zupacken ermögliche. Zum Glück für den Besiegten empfindet der Sieger nach dem Kampf den unwiderstehlichen Drang, den Ort, an dem die Schlacht ausgefochten wurde, mit einer »Duftmarke«, gewissermaßen einem öffentlichen Anschlag, als sein persönliches Eigentum zu zeichnen, mit anderen Worten, er muß am nächsten aufrecht stehenden Gegenstand sein Bein heben. Und diese Zeremonie der Besitzergreifung benützt der unterlegene Hund dann gewöhnlich, um sich still davonzumachen.

Wie so oft, wird uns hier an einer zufälligen Beobachtung ein Rätsel bewußt, das uns allenthalben umgibt, uns alltäglich in der verschiedensten Verkleidung entgegentritt. *Soziale Hemmungen* sind nämlich durchaus nicht selten, sondern so häufig, daß sie uns meist als etwas sehr Selbstverständliches vorkommen, das wenig anregt nachzudenken. Eine banale Sprichwortweisheit sagt, daß eine Krähe der anderen nicht das Auge aushackt; ausnahmsweise hat hier das Sprichwort recht. Eine mit dir befreundete Krähe oder ein Kolkrabe hackt so wenig nach dem Auge des menschlichen Freundes wie nach dem des Artgenossen. Wenn ich Roa, den Kolkraben, auf meinem Arm sitzen hatte und absichtlich mein Gesicht so seinem Schnabel näherte, daß mein offenes Auge in die Nähe der gefährlichen, abwärts gekrümmten Spitze kam, so tat Roa etwas ganz Erschütterndes: Er nahm mit einer nervös, ja beinahe gequält wirkenden Bewegung den Schnabel zurück, weg von meinem Auge, wie ein Vater, der sich rasiert, das Rasiermesser weghält, wenn seine kleine Tochter mit täppischen Händchen danach greift.

Nur in einer ganz bestimmten Weise kam Roa je mit dem Schnabel meinen Augen nahe: bei der sogenannten »sozialen Hautpflege«. Viele höhere Tiere gesellig lebender Arten, Vögel, aber auch Säugetiere, so vor allem die Affen, tun dem Artgenossen den Liebesdienst, seine Hautpflege an solchen Körperstellen zu übernehmen, die ihm selbst nicht zugänglich sind. Bei Vögeln ist es also vor allem der Kopf und die Umgebung der Augen, bei deren Reinhaltung und Pflege das Tier auf die Mithilfe des Artgenossen angewiesen ist. Als ich die Dohle schilderte, habe ich schon von den Stellungen gesprochen, durch die der Vogel einen anderen auffordert, ihm das Kopfgefieder zu putzen. Hielt ich Roa meinen Kopf etwas schief und mit halb geschlossenen Augen hin, genau so, wie es Rabenvögel untereinander tun, so verstand er diese Gebärde sofort, obwohl ich kein gesträubtes Kopfgefieder habe, und begann mich zu putzen. Dabei zwickte er mich niemals in die nackte Haut. Diese ist nämlich bei Rabenvögeln sehr zart und würde eine gröbere Behandlung nicht vertragen. Mit wunderbarer Präzision zog er jedes erreichbare Härchen putzend durch seinen Schnabel. Roa arbeitete dabei mit jenem Ernst und Eifer, der auch »lausende« Affen und operierende Chirurgen auszeichnet. Das ist kein Witz: Die soziale Hautpflege der Menschenaffen ist nämlich nicht darauf gerichtet, Ungeziefer zu fangen – Affen haben meist keines –, sie beschränkt sich auch nicht auf die Reinigung der Haut, sondern dient ebenso zu recht interessanten Operationen: So werden gar nicht ungeschickt Dornen ausgezogen und kleine Unreinheiten der Haut entfernt.

Das Manipulieren des riesigen, böse gekrümmten Rabenschnabels am offenen Auge eines Menschen sieht natürlich geradezu bedrohlich aus, weshalb ich immer wieder von Beobachtern dieses Vorgangs die Warnung zu hören bekam, man könne doch nicht wissen ... Raubtier bleibe Raubtier ... und was dergleichen Weisheiten mehr sind. Ich pflegte darauf mit der paradoxen Behauptung zu antworten, der Warner sei für mich gefährlicher als der Rabe. Es sei immer wieder vorgekommen, daß Menschen plötzlich von Verfolgungswahnsinnigen totgeschossen worden seien, die ihre Wahnvorstellungen mit der gefährlichen Schlauheit und Verstellungskunst mancher derartiger Kranker verbargen. Ein solcher Kranker könne, zugegeben mit geringster Wahrscheinlichkeit, immerhin auch der Ratgeber sein. Daß aber ein gesunder, erwachsener Kolkrabe plötzlich aus bisher unbekanntem Grunde seine Augenhackhemmung verliere, gebe es überhaupt nicht, sei unermeßlich viel unwahrscheinlicher als ein plötzlicher Angriff des wohlmeinenden Ratgebers.

Warum hat der Hund die geschilderte Halsbeißhemmung, der Rabe die Hemmung, dem Freund ins Auge zu hacken? Warum hat die Lachtaube keinerlei »Sicherung gegen gemeinen Mord«? Eine wirklich ursächliche Antwort auf dieses »Warum« vermögen wir nicht zu geben. Sie würde sicherlich eine *historische* Erklärung des Vorganges bedeuten, in welchem sich stammesgeschichtlich diese Hemmungen herausgebildet haben, Hand in Hand mit der Herausbildung der gefährlichen Waffen des Jagdtiers. *Wozu* das waffentragende Jagdtier derartige Hemmungen braucht, ist ja ohne weiteres klar. Würde der Kolkrabe hemmungslos, wie er nach irgendwelchen anderen, beweglichen und glänzenden Gegenständen pickt, nach dem Auge seines Nestgeschwisters, seiner Gattin oder seiner Jungen hacken, nun, dann gäbe es längst keine Kolkraben mehr. Gleiches wäre der Fall, wenn Wolf oder Hund unberechenbar und ungehemmt plötzlich in den Hals des Rudelgenossen beißen und die Totschüttelbewegung ausführen könnten, wie sie es an beliebigen, sonst zum Beißen geeigneten Gegenständen gerne tun oder wie etwa jeder junge Dackel den Pantoffel seines Herrn beißt und schüttelt.

Die Lachtaube *braucht* eine derartige Hemmung nicht, weil das Tier nur in geringerem Ausmaße zu verletzen vermag, dagegen seine Fähigkeit zu fliehen so gut entwickelt ist, daß sie ausreicht, den Vogel vor solchen Feinden zu bewahren, die ganz andere Angriffswaffen besitzen als ein Täubchen, dessen Schnabelstoß kaum ein winziges Federchen ausrupft; ehe es zu einem zweiten kommt, ist die Taube, die sich unterlegen fühlt, längst fort. Nur unter den unnatürlichen Bedingungen enger Käfighaft, die der besiegten Taube die Möglichkeit zu rascher Flucht nehmen, kommt es überhaupt zum Ausdruck, daß die Lachtaube keinerlei Hemmungen hat, die ein Verletzen und Martern von Artgenossen verhindern. Ähnlich hemmungslos erweisen sich sehr viele »harmlose« Pflanzenfresser, wenn man ihrer mehrere in enger Gefangenschaft zusammenhält. Einer der ekelhaftesten, hemmungslosesten und blutdürstigsten Mörder ist auch das zweite, nach der Taube beliebteste Symbol der Sanftmut, nämlich der von Felix Salten bis zum leichten Brechreiz verherrlichte Rehbock ›Bambi‹.

Dieses bösartige Vieh hat noch dazu eine Waffe, ein Geweih, doch merkt man verflucht wenig von einer Hemmung, sie anzuwenden. Die Art »kann sich das leisten«, da die Fluchtfähigkeit auch des schwächsten Rehes ausreicht, um sich den Angriffen des stärksten Bockes zu entziehen. Man kann nur in ungewöhnlich großen Gehegen einen Rehbock zusammen mit weiblichen Tieren seiner Art halten. In engerem Gehege treibt er jedoch jeden Artgenossen, auch »Damen«, schließlich in eine Ecke und bringt sie mitleidlos um.

Die einzige »Sicherung« gegen Mord, die das Reh hat, besteht darin, daß der Vorstoß des angreifenden Rehbocks verhältnismäßig langsam erfolgt. Der Bock prescht nicht mit gesenktem Haupt in wilden Sätzen auf den Gegner zu, wie dies zum Beispiel ein Widder tut, sondern er sucht, gewissermaßen vorsichtig tastend, mit seinem Geweih nach dem des Gegners, und erst wenn er festen Widerstand fühlt, erfolgt der tödlich ernste Vorstoß. Zahme Rehböcke verursachen nach den statistischen Erhebungen des amerikanischen Zoodirektors Hornaday alljährlich mehr Unglücksfälle als gefangene Löwen und Tiger, und zwar wohl vor allem deshalb, weil der unkundige Mensch das langsame Herankommen des Rehbocks nicht als ernstgemeinten Angriff erkennt, ja, oft genug es nicht einmal ernst nimmt, wenn der Bock, mit dem Geweih tastend, schon gefährlich intim wird. Ganz plötzlich erfolgt dann Ruck auf Ruck der erstaunlich starke, bohrende Vorstoß der Waffe, und du hast Glück gehabt, wenn du noch rechtzeitig mit deinen Händen einen Griff an den Stangen gefunden hast. Dann setzt es einen schweißtreibenden und händezerschindenden Ringkampf, in dem auch ein starker Mann kaum mehr des Bockes Herr wird, es sei denn, daß es ihm gelingt, irgendwie an die Seite des Biestes zu kommen und seinen Hals nach hinten zu biegen. Man »scheniert« sich natürlich, um Hilfe zu rufen – bis man eine Geweihsprosse im Bauch hat.

Wenn also ein reizender, zahmer Rehbock in eigenartigem Stechschritt, das Geweih graziös schwenkend, freundlich spielerisch auf dich zukommt, so hau ihm mit einem Spazierstock, einem Stein oder der bloßen Faust – aber kräftig – seitlich an die Schnauze (Pardon, Äser), bevor er sein Geweih an deinen Leib bringen kann.

Und nun aufrichtig geurteilt: *Wer* ist nun eigentlich ein *»gutes«* Tier; mein Freund Roa, dessen sozialen Hemmungen ich ohne geringste Nervosität und völlig bedenkenlos mein Augenlicht anvertrauen konnte, oder jenes sanfte Täubchen, das in stundenlanger angestrengter Arbeit seinen Artgenossen zu Tode marterte? *Wer* ist ein *»böses«* Tier; der Rehbock, der, wenn sie ihm nicht entrinnen können, selbst Frauen und Kindern seiner Art den Bauch aufschlitzt, oder der Wolf, der *nicht einmal den verhaßten Feind* beißen kann, wenn dieser an seine Gnade appelliert?

Man möge bedenken, *worin* die Demutgebärde, der Appell an die soziale Hemmung des Überlegenen, eigentlich besteht: nämlich darin, daß ihm die Verletzung, ja die *Tötung* des Besiegten *erleichtert* wird, darin, daß alle Hindernisse, die der eben noch verzweifelt sich Wehrende den Angriffen seines Gegners entgegengesetzt hat, plötzlich beseitigt werden! *Alle* Demutgebärden und -stellungen sozialer Tiere, die wir bisher kennen, beruhen auf demselben Prinzip. Immer bietet der Gnadeflehende seinem Angreifer die *verletzbarste* Stelle seines Körpers, genauer gesagt diejenige, gegen die jeder mit Tötungsabsicht geführte Angriff gerichtet ist. Bei den allermeisten Vögeln ist dies der Hinterkopf. Will eine Dohle einer anderen gegenüber ihre Unterwerfung ausdrücken, so duckt sie sich etwas und dreht dem zu besänftigenden Artgenossen den Hinterkopf zu, so recht verlockend zum Hineinhacken. Möwen, aber auch Reiher, präsentieren dem Überlegenen die Oberseite ihres Kopfes, indem sie den Hals lang und flach vorstrecken, also durch eine Stellung, die den Gnadeflehenden besonders wehrlos macht.

Bei sehr vielen Hühnervögeln endet der Kampf der Männer damit, daß der eine der Kämpfer zu Boden geworfen, niedergehalten und dann vom Sieger nach Lachtaubenart skalpiert wird. Nur eine einzige Art kennt in diesem Falle Gnade: der Truthahn. Und nur er verfügt dementsprechend über eine spezifische Demutgebärde, die auch hier wieder das vorwegnimmt, was der tätliche Angriff zu erreichen trachtet. Hat ein Puter in dem wilden und grotesken Ringkampf, den diese Vögel aufführen, seinen Teil abbekommen, legt er sich ganz unvermittelt mit lang vorgestrecktem Hals flach auf den Boden. Der Sieger benimmt sich dann sehr ähnlich, wie ich es oben von Hunden und Wölfen geschildert habe, das heißt, er möchte gern und kann nicht, er geht, immer noch in Drohstellung, rund und rund um den still Daliegenden herum, bringt es aber nicht über sich, nochmals nach dem Wehrlosen zu hacken oder zu treten.

Tragisch ist es, wenn Truthahn und Pfau aneinandergeraten, was nicht selten geschieht, da beide als Artverwandte auch in den Ausdrucksbewegungen ihrer Männlichkeit einander ähnlich genug sind, um vom Gegner verstanden zu werden. Trotz größerer Stärke und höherem Gewicht unterliegt der Truthahn fast regelmäßig, weil der Pfau besser fliegt und eine andere Kampfesweise hat. Während der rotbraune Amerikaner sich zum Ringkampf anschicken will, ist der blaue Inder schon hochgeflogen und schlägt ihm die messerscharfen Sporen ein. Der Indian empfindet diesen Verstoß gegen den Kampfkomment seiner Art mit Recht als »unfair«, und obwohl er noch voll bei Kräften ist und es daher nicht nötig hätte, wirft er den Schwamm in den Boxring, das heißt, er legt sich in der oben beschriebenen Weise nieder. Und nun geschieht etwas ganz Scheußliches: Der Pfau *versteht* diese putersche Gebärde der Ergebung nicht, sie sagt ihm nichts und löst daher auch keine Hemmungen in ihm aus. Er hackt und tritt weiter nach dem wehrlos daliegenden Puter, und wenn man nicht zufällig hinkommt, ist es um diesen geschehen; denn je mehr Tritte und Schläge er bekommt, desto fester bleibt er in seine Demutreaktion eingeklinkt. Niemals jedoch kommt er auf den Gedanken aufzuspringen und davonzulaufen.

Für die starr-instinktive Natur und das hohe stammesgeschichtliche Alter derartiger Demutgesten spricht unter anderem die Tatsache, daß manche Vögel besondere Signal-Organe zu ihrer Unterstützung ausgebildet haben. So haben die Jungen der Wasser-Ralle auf dem Hinterkopf eine nackte, rote Stelle, die einer angreifenden, älteren und stärkeren Ralle in sehr ausdrucksvoller Weise hingehalten, gewissermaßen präsentiert wird, wobei sie überdies noch dunkelrot anläuft. Alle diese merkwürdigen Zeremonien laufen also darauf hinaus, dem Gegner gerade jene Handlungsweise *leicht zu machen,* die unter Hemmung gesetzt werden soll. Natürlich verliert der Hund keineswegs die Lust zu beißen, wenn ihm der andere gnadeflehend den Hals hinhält. Im Gegenteil, wir haben ja gesehen, daß er eindeutig *möchte,* aber *nicht kann.* Welcher Art diese Hemmung ist, ob blind reflektorisch oder nicht, bleibt uns vorläufig gleich. Wir stellen schlicht und rein empirisch fest, daß ein Tier, das sich unterlegen fühlt, den Angriff eines stärkeren Artgenossen unter Hemmung setzen kann, indem es sich gerade diesem Angriff schutzlos preisgibt.

Und kennen wir schließlich nicht Gleiches aus menschlichem Verhalten? Der homerische Krieger, der sich ergeben will und um Gnade fleht, wirft Helm und Schild weg, fällt auf die Knie und beugt den Nacken, lauter Handlungen, die es dem Gegner eigentlich erleichtern zu töten, tatsächlich aber eine solche Handlungsweise erschweren. Noch heute sind in manchen Gesten der Höflichkeit symbolgewordene Reste derartiger Demutgebärden enthalten: Verbeugung, Hutabnehmen, im militärischen Zeremoniell das Präsentieren der Waffe. Übrigens scheinen die Handlungen des Gnadeflehens bei den griechischen Kriegern nicht gerade von durchschlagender Wirkung gewesen zu sein; die Helden Homers waren durch sie bestimmt nicht zu beeinflussen; zumindest waren sie in dieser Hinsicht nicht so weichherzig wie die Wölfe. Der Sänger berichtet uns genügend Fälle, in denen der Gnadeflehende dann doch mitleidlos – oder trotz vorhandenem Mitleid – umgebracht wurde. Auch die germanische Heldensage erzählt genug Beispiele eines ebensolchen Versagens der Demutgebärde, und erst im Rittertum der Minnesängerzeit gehört die Schonung dessen, der sich ergibt, zu den Geboten der Kampfmoral. Erst der christliche Ritter ist auf Grund traditioneller und religiöser Moral so ritterlich, wie es, objektiv gesehen, der Wolf aus der Tiefe seiner natürlichen Triebe und Hemmungen heraus ist. Welch erstaunliches Paradoxon!

Selbstverständlich sind die angeborenen, instinktmäßig festgelegten Hemmungen, die ein Tier abhalten, seine Waffen rücksichtslos gegen seinesgleichen zu gebrauchen, nur ein funktionelles Analogon, allerhöchstens ein leises Dämmern, sozusagen ein stammesgeschichtlicher Vorläufer der gesellschaftlichen Moral des Menschen. Der vergleichende Verhaltensforscher tut gut daran, sehr vorsichtig mit moralischen Werturteilen über tierisches Verhalten zu sein. Trotzdem will ich mich hier zu einem gefühlsmäßigen Werturteil bekennen: Ich finde es erschütternd und großartig, daß jener Wolf nicht zubeißen kann, noch großartiger aber, daß sich der andere darauf *verläßt!* Ein Tier vertraut sein Leben der ritterlichen Anständigkeit eines anderen an! Davon können wir Menschen lernen. Ich wenigstens habe daraus ein neues und tieferes Verständnis für ein wunderschönes und oft mißverstandenes Wort des Evangeliums geschöpft, das in mir bis dahin nur starken gefühlsmäßigen Widerspruch wachgerufen hatte: »So dich jemand auf die rechte Backe schlägt ...« Ein Wolf hat mich gelehrt: Nicht, damit dein Feind dich nochmals schlage, sollst du ihm die andere Backe hinhalten, nein, *damit er das nicht kann,* sollst du es tun!

Wenn eine Tierart im Laufe ihrer Stammesgeschichte eine Waffe entwickelt, die einen Artgenossen mit einem einzigen Schlage zu töten vermag, so muß sie parallel zu der Waffe eine soziale Hemmung entwickeln, die einen Gebrauch verhindert, der den Bestand der Art gefährden kann. Nur wenige Raubtiere leben so ungesellig, daß sie derartiger Hemmungen im allgemeinen entraten können. Sie kommen nur zur Paarungszeit zusammen, und dann überwiegt der Geschlechtstrieb alles andere, auch die Kampflust, so sehr, daß besondere Hemmungen sozialer Natur entbehrlich sind. Solche Einsiedler sind der Eisbär und der Jaguar, und es ist bezeichnend für die besprochene Eigenschaft dieser Tiere, daß in der Geschichte unseres Schönbrunner Tiergartens jede dieser beiden Arten bereits einen Gattenmord zu verzeichnen hat. Das System der arteigenen, ererbten Triebe und

Hemmungen und der Bewaffnung, die einer sozialen Tierart von der Natur mitgegeben wurde, bildet eine Ganzheit, die sorgfältig ausgewogen ist und sich selbst reguliert. Alle Wesen haben ja ihre Bewaffnung durch denselben Vorgang der Stammesentwicklung erhalten, der auch ihre Triebe und Hemmungen herausbildete; denn der Bauplan des Körpers und der Leistungsplan der arteigenen Verhaltensweisen einer Tierart sind nur *eines*.

Nur *ein* Wesen hat Waffen, die nicht an seinem Körper gewachsen sind, von denen deshalb auch der Leistungsplan seiner angeborenen arteigenen Verhaltensweisen nichts weiß, für deren Gebrauch es keine entsprechend machtvolle Hemmung bereitliegen hat: Dieses Wesen ist der Mensch. Unaufhaltsam wächst die Furchtbarkeit seiner Waffen, wächst innerhalb von wenigen Jahrzehnten um ein Vielfaches. Angeborene Triebe und Hemmungen aber brauchen zu ihrem Entstehen Zeiträume wie Organe sie brauchen, Zeiträume von einer Größenordnung, in der Geologe und Astronom zu rechnen gewohnt sind, nicht Historiker. Die Waffen haben wir nicht von der Natur mitbekommen: Wir haben sie in freier Tat geschaffen. Was wird uns leichterfallen, die Schaffung der Waffe oder die des Verantwortungsgefühls, der Hemmung, ohne die unser Geschlecht an seiner eigenen Schöpfung zugrunde gehen muß? Auch diese Hemmung müssen wir uns in freier Tat erschaffen, denn auf unsere Instinkte können wir uns ja eben nicht *verlassen*.

Vor nunmehr vierzehn Jahren, im November 1935, schloß ich einen Aufsatz über ›Moral und Waffen der Tiere‹ mit den Worten: »Es wird der Tag kommen, da von zwei kriegführenden Gegnern jeder den anderen glatt vernichten kann. Es kann der Tag kommen, da die gesamte Menschheit auf zwei solche Lager verteilt ist. Werden wir uns dann verhalten wie die Hasen oder wie die Wölfe? Das Schicksal der Menschheit wird sich mit dieser Frage entscheiden.« Man darf wirklich gespannt sein.

Treue ist doch kein leerer Wahn

An der Grenze zwischen älterer und jüngerer Steinzeit taucht als erstes Haustier der *Torfspitz* auf, ein kleiner, ganz sicher von einem Schakal abstammender, halbdomestizierter Hund. Da es in Nordwesteuropa, woher der Fund stammt, zu jener Zeit wahrscheinlich keine Schakale mehr gab, der Torfspitz aber außerdem deutlich Zeichen der Haustierverwendung zeigt, haben die Pfahlbauern der Steinzeit also ihre Hunde zweifellos an den Ostseestrand mitgebracht.

Wie aber kam der Mensch der frühen Steinzeit zu seinem Hund? Sicher ohne es zu wollen. Ganze Rudel von Schakalen werden den herumziehenden Jägerhorden des frühsteinzeitlichen Menschen gefolgt sein, werden seine Ansiedlungen umlagert haben, wie es die Paria-Hunde des Ostens auch heute noch tun, von denen kein Mensch weiß, ob man sie als verwilderte Haushunde oder als Wildhunde auffassen soll, die auf dem Weg der Haustierwerdung die ersten Schritte getan haben. Und unsere Urvorväter haben gegen diese Abfalljäger ebensowenig unternommen wie der Orientale in überliefertem Schlendrian auch heute noch. Ja, jene Steinzeitjäger, für die große Raubtiere noch sehr ernste Feinde waren, haben es wohl als recht angenehm empfunden, einen breiten Gürtel von Schakalen um ihr Lager zu wissen, der bei der Annäherung eines Säbelzahntigers oder eines Höhlenbären in wildestem Aufruhr geriet.

Und irgendwann ist zu der Funktion des Wächters die eines Helfers auf der Jagd gekommen. Irgendwann ist

die Meute der Schakale, die in Erwartung von Beuteab-
fällen dem jagenden Menschen folgte, dazu übergegan-
gen, nicht mehr *hinter,* sondern *vor* dem Jäger herzulau-
fen, das Wild aufzuspüren und nach Möglichkeit zu
stellen. Es ist sehr leicht vorstellbar, daß diese Ur-Haus-
hunde, die gewohnheitsmäßig Abfälle von Großwild zu
fressen bekamen, das sie selbst, ohne menschliche Hilfe,
nicht imstande waren zu überwältigen, eben dadurch ein
neues Interesse an solchen Tierarten erlangten: Sie begannen ihren Spuren zu folgen und die Menschen auf sie
aufmerksam zu machen. Hunde merken erstaunlich
schnell, wann sie Rückendeckung haben, und der feigste
kleine Köter wird zum kühnen Raufer, sowie er sich von
einem starken Freund gestützt weiß. Ich traue also mit
diesen Spekulationen den Goldschakalen der Urzeit gewiß nicht zu viel Schläue zu.

Für mich ist es ein merkwürdig angenehmer, ja geradezu erhebender Gedanke, daß der uralte Bund zwischen Mensch und Hund von beiden vertragschließen-
den Parteien freiwillig und ohne jeden Zwang unter-
zeichnet worden ist. Alle anderen Haustiere sind auf
dem Umweg über echte Gefangenhaltung zum Haustier
geworden, ausgenommen die Katze; die ist aber auch
heute noch kein richtiges Haustier. Und alle Haustiere
sind leibeigene Sklaven, nur der Hund ist ein Freund.
Gewiß, ein ergebener, ein *untergebener* Freund: Allmählich, im Laufe der Jahrtausende, ist es nämlich in den
besseren Hundefamilien üblich geworden, nicht mehr
einen *Hund* zum Leiter des Packs zu erwählen, wie es in
der Wildnis üblich war, sondern den Leiter der Men-
schenhorde als solchen zu betrachten. Tatsächlich nei-
gen Hunde, insbesondere charaktervolle, »starke« Indi-

viduen, dazu, den jeweiligen »pater familias« als ihren Herrn zu betrachten. Noch bei primitiven Hunden kommt es sehr leicht zu einer ganz anderen, weniger unmittelbaren Beziehung der Unterwürfigkeit dem Menschen gegenüber. Wenn viele dieser Hunde zusammen gehalten werden, so wirft sich einer von ihnen zum Leithund auf, und die anderen Hunde sind eigentlich diesem, und nicht dem Menschen, treu und ergeben. Nur der Leiter selbst ist im eigentlichen Sinne der Hund seines Herrn, die anderen sind genaugenommen die Hunde dieses Hundes. Wer zwischen den Zeilen zu lesen versteht, der kann aus den unzweideutig lebenswahren Schilderungen Jack Londons entnehmen, daß bei den Schlittenhunde-Gespannen Alaskas dieses Verhältnis geradezu die Regel darstellt. Interessanterweise scheinen die höher domestizierten Hunde mit einem »Hund als Herrn« nicht ganz zufrieden zu sein und aktiv nach einem »Menschen als Leithund« zu suchen.

Einer der wunderbarsten und rätselhaftesten Vorgänge ist die Herrenwahl eines guten Hundes. Plötzlich, oft innerhalb weniger Tage, entsteht eine Bindung, die um ein Vielfaches fester ist als alle, aber auch alle Bindungen, die zwischen uns Menschen je bestehen. Es gibt keine Treue, die nicht schon gebrochen wurde, ausgenommen die eines wirklich treuen Hundes.

Von allen Hunden, die ich bisher kennengelernt habe, sind jene die treuesten, in deren Adern neben dem Blut des Goldschakals (Canis aureus) noch ein gehöriger Schuß Wolfsblut fließt. Der nordische Wolf (Canis lupus) ist wohl nur mittelbar, durch die Einkreuzung unter Aureus-Hunde, zum Haustier gemacht worden. Im Gegensatz zur verbreiteten Meinung, daß der Wolf eine wesentliche Rolle in der Ahnenreihe aller größeren Hunderassen spiele, weiß die vergleichende Verhaltensforschung, daß sämtliche europäischen Hunderassen, auch die größten unter ihnen wie Doggen und Schäferhunde, reine Aureushunde sind und höchstens einen winzigen Teil Lupusblut enthalten. Die reinsten Lupushunde, die es gibt, sind gewisse Rassen Indianerhunde des hochnordischen Amerika, vor allem die sogenannten Malemutes. Auch Eskimohunde enthalten nur geringe Spuren von Aureusblut. Die nordischen Hunderassen der alten Welt, Lappenhunde, russische Lajkas, Samojeden und Chow-Chows haben etwas mehr Aureusblut als die nordamerikanischen. Immerhin sieht man die hohen Backenknochen, die schräggestellten Augen und die leicht aufwärts strebende Nase, die dem Wolfsgesicht seinen spezifischen Ausdruck verleihen. Anderseits aber trägt gerade der Chow im flammenden Rot seines prächtigen Fells das Siegel der Aureusabstammung in einer Weise, die nicht zu übersehen ist.

Rätselhaft ist der »Treueschwur«, jener endgültige Anschluß des Hundes an *einen* Herrn. Gerade bei Hundekindern, die aus einem Zwinger kommen, erfolgt er ganz plötzlich, innerhalb weniger Tage. Die »empfängliche Periode« für diesen wichtigsten Vorgang des ganzen Hundelebens liegt bei Aureushunden etwa zwischen acht Monaten und anderthalb Jahren, bei Lupushunden etwa um den sechsten Monat.

Die echte große Hundeliebe stammt aus zwei recht verschiedenen Quellen. Zu einem Teil ist sie nichts anderes als die Anhänglichkeit, die jeder wilde Hund seinem Rudel-Leiter entgegenbringt und die der Haushund ohne wesentliche Veränderungen ihres Charakters auf den Menschen überträgt. Dazu kommt bei den höher domestizierten Hunden aber noch eine ganz anders geartete Form der Anhänglichkeit. Sehr viele der Merkmale, in denen sich Haustiere von den zugehörigen wilden Stammformen unterscheiden, entstehen dadurch, daß Eigenschaften des Körperbaus und des Verhaltens, die bei der Wildform nur rasch vorübergehende *Jugendstadien* kennzeichnen, bei der Hausform *dauernd* erhalten bleiben: Kurzhaarigkeit, Ringelschwanz, Hängeohren, gewölbter Schädel und die kürzere Schnauze vieler Haushunderassen sind Merkmale dieser Art. Im *Verhalten* aber drückt sich diese domestikationsbedingte Verjugendlichung vor allem darin aus, daß jene Anhänglichkeit, die beim Wildhunde nur das sehr junge Tier seiner Mutter entgegenbringt, beim Haushunde das ganze Leben hindurch bestehen bleibt und in unwandelbarer Treue an seinen Herrn bindet.

So sind also die an sich unveränderte, nur auf den Menschen übertragene Rudel-Anhänglichkeit und die domestikationsbedingte, dauernde Kindesanhänglichkeit zwei voneinander ziemlich unabhängige Quellen der Hundetreue. Ein wesentlicher Unterschied im Charakter der Lupus- und der Aureushunde beruht darauf, daß die erwähnten Quellen für beide Hundearten verschieden stark fließen. Für den Wolf hat das Rudel eine unermeßlich größere Bedeutung als für den Schakal. Während dieser im wesentlichen Standwild ist und wohl nur gelegentlich in Meuten jagt, zieht das Wolfsrudel durch die Wälder des Nordens als eine verschworene und, wie wir sicher wissen, recht *exklusive* Gemeinschaft, die wie Pech und Schwefel zusammenhält und deren Mitglieder bis in den Tod füreinander einstehen. Daß die Wölfe eines Rudels einander auffressen, wie häufig geschildert wird, halte ich für erlogen, und zwar deshalb, weil Schlittenhunde das um keinen Preis tun, selbst wenn sie am Verhungern sind; und diese soziale Hemmung ist ihnen sicher nicht vom Menschen angezüchtet worden.

Die zurückhaltende Exklusivität und der kämpferische Zusammenhalt um jeden Preis sind die Eigenschaften des Wolfes, die den Charakter aller stark lupusblütigen Hunderassen in einem sehr günstigen Sinne beeinflussen und sie vorteilhaft von den Aureushunden unterscheiden, die zu allermeist mit jedem Menschen »frère et cochon« sind und eigentlich jedem Menschen folgen, der das andere Ende der Leine in der Hand hält. Hat ein Lupushund hingegen einmal einem Menschen den Treueid geleistet, so ist er für immer dieses einen Mannes Hund; ein Fremder kann ihm auch nicht einen einzigen Wedler der buschigen Rute abgewinnen. Kein Mensch, der die Einherrentreue eines Lupushundes besessen hat, wird jemals wieder mit einem Aureushund glücklich sein. Dieser schönen Eigenschaft stehen jedoch erhebliche Nachteile der lupusblütigen Hunderassen gegenüber, ja, diese Nachteile sind sogar eine unmittelbare Auswirkung der Einherrentreue. Daß ein erwachsener Lupushund niemals *dein* Hund wird, ist von vornherein klar. Aber noch schlimmer: Mußt du ihn verlassen, gerät das Tier völlig aus dem Gleichgewicht, gehorcht weder deiner Frau noch deinen Kindern, sinkt in seinem Schmerz moralisch rapid auf das Niveau eines herrenlosen Straßenhundes, verliert seine Geflügelreinheit und streunt, Untat auf Untat verübend, in der Gegend umher.

Außerdem ist ein überwiegend lupusblütiger Hund trotz seiner maßlosen Treue und Anhänglichkeit nicht unterwürfig. Er stirbt, wenn er dich verliert, aber einen wirklichen Appell bringst du ihm ums Verrecken nicht bei; wenigstens ich nicht, vielleicht gelingt es einem besseren Hundedresseur doch. Man wird deshalb in der Stadt fast niemals einen Chow ohne Leine, frei neben seinem Herrn, gehen sehen. Ein Lupushund hat viele Eigenschaften eines großen katzenartigen Raubtiers, er ist zwar dein Freund bis in den Tod, aber niemals dein Sklave. Obwohl er deiner Person zum Leben nicht entraten kann, führt er ein sehr bestimmtes eigenes Privatleben.

Anders der Aureushund; ihm ist, als Folge seiner uralten Domestikation, jene jugendliche Abhängigkeit erhalten geblieben, die ihn zum handlichen und folgsamen Weggenossen macht. Statt der stolzen Mannentreue des Lupushundes, die mit Gehorsam herzlich wenig zu tun hat, bringt dir der Aureus jene Ergebenheit entgegen, die Tag und Nacht, stündlich und minütlich deines Befehles, ja deines leisesten Wunsches gewärtig ist. Der Aureushund hat meist »natürlichen« Appell, das heißt, er kommt auf seinen Namen nicht nur, wenn es ihm Spaß macht und wenn du ihn kosend und spielerisch rufst, sondern weil er weiß, daß er kommen muß. Er kommt um so sicherer, je schärfer man ihn ruft, während ein Lupushund in diesem Fall überhaupt nicht kommt, sondern dich auf Distanz durch freundliche Gebärden zu besänftigen trachtet. Diesen guten und angenehmen Eigenschaften des Aureushundes stehen leider andere gegenüber, die zwar ebenso der dauernden »Verjugendlichung« dieser Tiere entspringen, aber für den Herrn des

Hundes weniger erfreulich sind. Da nämlich junge Hunde unter einem gewissen Alter für jeden Artgenossen »tabu« sind, das heißt, nicht gebissen werden dürfen, sind solche Babys häufig in einer ähnlichen Weise vertrauensselig und gegen jedermann aufdringlich, belästigen Tier und Menschen mit Anträgen zum Spielen wie manche verwöhnten Menschenkinder, die zu jedem Erwachsenen »Onkel« sagen. Wenn sich nun gerade diese Jugendeigenschaft beim Haushund als Dauermerkmal erhält, so entsteht ein sehr unangenehmer Hundecharakter oder, besser gesagt, ein völliger Mangel eines solchen. Das Schlimmste an dieser Erscheinung aber liegt darin, daß solche Hunde, die in jedem Menschen einen »Onkel« sehen, auch jedem, der ihnen nur einigermaßen energisch entgegentritt, eine im verwegensten Sinne des Wortes »hündische« Unterwürfigkeit bezeugen. Aus dem spiellustigen, zudringlichen Ansturm wird sofort kindlich-unterwürfige Demut. Du kennst bestimmt diese Sorte Hund, bei der zwischen lästigem und dauerndem Hinaufspringen und demütig ergebenem »Auf-den-Rücken-fallen« keinerlei Übergang eingeschaltet ist. Du brüllst, auf die Gefahr hin, die Hausfrau zu verstimmen, das Hundevieh an, das auf deiner Person herumtrampelt und dich von oben bis unten voller Haare macht. Darauf fällt der Hund entsetzt auf den Rücken und fleht um Gnade. Du sprichst ihm freundlich zu, um die Hausfrau zu versöhnen, und platsch, schleckt dir das Biest, rasch emporspringend, mitten übers Gesicht und fährt eifrigst fort, deine Hosen zu behaaren.

Ein solcher Hund, der der Hund aller Welt ist, kommt einem naturgemäß leicht abhanden, da er mit jedem Fremden vertraut wird, der ihn freundlich anspricht.

Aber ein Hund, der mir gestohlen werden kann, der kann mir gestohlen werden! Schon den vielen bestechend schönen und formedlen Rassen der hängeohrigen Jagdhunde nehme ich es übel, daß sie meist mit jedem Menschen mitzugehen bereit sind, der ein Gewehr umhängt. Schließlich gründet ja ihre Verwendbarkeit als Gebrauchshunde auf dieser allgemeinen Unterwürfigkeit gegen jeden. Vor allem könnte man ohne sie niemals einen fertig dressierten Hund kaufen oder seinen Hund von einem berufsmäßigen Hundedresseur abrichten lassen. Ist es klar, daß ein Hund nur von einem Menschen dressiert werden kann, zu dem er ausgesprochen im Verhältnis der Gefolgschaft und Herrentreue steht? Gibt man also einen Hund zu einem Fremden in Dressur, so mutet man ihm grundsätzlich einen Treuebruch zu. Das persönliche Verhältnis zwischen Herrn und Hund muß dadurch schwer geschädigt werden, selbst wenn der Hund, nach seiner Rückkehr aus der Lehre, wieder einigermaßen in die alte Beziehung zu seinem Herrn zurückfindet.

Täte man Entsprechendes mit einem lupusblütigen Hund, so würde dieser entweder überhaupt nichts lernen und den Dresseur durch verstockte Zurückhaltung und Scheu, wenn nicht gar durch aggressive Bösartigkeit zur Verzweiflung bringen (wenn er nämlich vorher schon seinem Besitzer Treue geschworen hat), oder aber, übergäbe man den Hund schon sehr früh der Dressur, ehe seine Herrentreue ihr unverrückbares Objekt gefunden hat, so würde ohne Zweifel die Treue des Tiers auch nach der Lehre dem Abrichter gehören. Es wäre also auch völlig undenkbar, einen überwiegend lupusblütigen Hund als fertig dressiertes Tier zu kaufen. An einem von seinem Herrn getrennten Tier würde man die Dressur überhaupt nicht mehr merken. Der Lupushund ist entweder *einem* Herrn *ganz* und für immer ergeben oder aber, wenn er einen wirklichen Herrn nicht findet oder ihn verliert, gar niemandem. In diesem Fall »wird er zur Katze«, das heißt, er lebt dann ohne tiefere seelische Bindung neben dem Menschen dahin. In diesem Zustande befinden sich die allermeisten der nordamerikanischen Schlittenhunde, deren tiefe Seelenwerte fast nie ausgeschöpft werden, wenn nicht ein Jack London sie erkennt und erschließt. Das gleiche gilt für unsere mitteleuropäischen Chows, die eben aus diesem Grund von vielen Hundekennern mißachtet werden. Auch Chows werden oft »zu Katzen« im oben erwähnten Sinn, da ihnen meistens ihre erste, große Liebe mißglückt ist und sie zu einer zweiten nicht fähig sind. Chows leisten ihren unwiderruflichen Treueschwur viel früher als jeder Aureushund. Es gibt keinen noch so charaktervollen und treuen Aureushund, etwa deutschen Schäfer oder Airedale-Terrier, dessen Liebe nicht im Alter von ungefähr einem Jahr für einen vollständig neuen Herrn unter allen Umständen noch zu gewinnen wäre. Will man aber sicher sein, die volle Herrentreue eines lupusblütigen Hundes zu besitzen, so muß man ihn von ganz klein an selbst aufziehen. Nach meinen langjährigen Erfahrungen mit Chows soll man einen solchen Hund mit vier, höchstens fünf Monaten in Pflege nehmen. Dies ist kein so großes Opfer wie man vielleicht meinen möchte, da die Neigung, zimmerrein zu werden, bei lupusblütigen Hunden viel früher reift als bei Aureushunden. Überhaupt zählt der nahezu katzenhafte Hang zur Reinlichkeit zu den angenehmsten Zügen dieser Rasse.

Nein, meine Liebe gehört nicht ausschließlich den Lupushunden, wie man vielleicht aus dieser kleinen Hundecharakterologie schließen könnte. Kein lupusblütiger Hund vermag vorläufig solch absoluten Gehorsam seinem Herrn zu bieten wie vor allem unser unvergleichlicher deutscher Schäferhund. Anderseits sind die edlen Raubtiereigenschaften des Lupushundes, die stolze Zurückhaltung gegen Fremde, die namenlose Tiefe seiner Liebe zu seinem Herrn und gleichzeitig die Sparsamkeit im äußeren Ausdruck dieser großen Liebe, kurz, die innere Vornehmheit, nicht weniger großartig; dem hat wiederum kein Aureushund Ähnliches entgegenzusetzen. Aber beides zusammen kann man eben nicht haben. Kann man wirklich nicht? Es ist natürlich nicht so einfach, den Lupushund mit einem Sprung einige zehntausend Jahre Domestikation nachholen zu lassen, denen der Aureushund seine persistierende Kindlichkeit und damit seine Anhänglichkeit und Unterwürfigkeit verdankt. Aber es geht auch anders.

Vor mehreren Jahren hatten meine Frau und ich jeder eine Hündin. Ich die schon erwähnte Schäferhündin Tito, meine Gattin die kleine Chowhündin Pygi. Beide waren reine Typen ihrer Rassen, klassische Vertreter aller Charaktereigenschaften von Canis aureus und Canis lupus und provozierten dergestalt einen Ehekonflikt. Meine Frau höhnte mich, weil Tito manche Freunde unseres Hauses freudig begrüßte, weil sie sich in jeder Drecklache wälzte und dann takt- und ahnungslos und schlammbedeckt ins Zimmer kam, weil ihr hinsichtlich der Zimmerreinheit leicht etwas passierte, wenn man vergaß, sie hinauszulassen – und wegen tausend anderer kleiner Dinge, die ein Lupushund eben nicht und um keinen Preis tut. Obendrein habe der Hund kein Eigenleben, der sei gewissermaßen nur ein seelenloser Schatten seines Herrn, es zehre auch an den Nerven, wenn der Hund den ganzen Tag vor dem Schreibtisch liege und sehnsüchtigen Blicks bloß den nächsten Spaziergang erwarte . . . Schatten, seelenlos! Tito, diese Seele von einem Hund! Ich erwiderte erbittert, ich pfiffe laut auf einen Hund, mit dem man nicht spazierengehen könne, ein Hund sei dazu da, seinem Herrn treu zu folgen, Pygi gehe ja trotz der vielgepriesenen Ein-Mann-Treue sofort jagen – oder sei meine Frau von einem Gang in den Wald schon einmal *mit* dem Hund zurückgekommen, wie? Da wäre es besser, gleich eine Siamkatze anzuschaffen, die sei noch zurückhaltender und noch reinlicher und obendrein das, was sie vorstellt, nämlich eine Katze; Pygi sei ja doch kein Hund. Meine Tito auch nicht, war die Antwort, bestenfalls sei sie eine sentimentale Romanfigur aus Marlitt . . .

Dieser Streit, in dessen scherzhaften Ton doch auch ein wenig Ernst gemischt war, fand die natürlichste Schlichtung, die es geben konnte: Ein Sohn Titos, Bubi mit Namen, heiratete die Chowdame Pygi. Dies geschah völlig gegen den Willen meiner Frau, die begreiflicherweise reinblütige Chows züchten wollte. Da aber lernten wir als ein unerwartetes Hindernis eine neue Eigenschaft des Lupushundes kennen: die monogame Treue der Hündin zu einem bestimmten Rüden. Meine Frau reiste mit ihrer Hündin zu so ziemlich sämtlichen Chowrüden, die damals in Wien residierten, in der Hoffnung, es werde einer Gnade finden. Umsonst, die Hündin biß wütend alle Bewerber, sie wollte nur ihren Bubi und bekam ihn schließlich auch, das heißt, er bekam sie, indem er eine dicke Brettertür, hinter der sie gefangen saß, in ihre Primfaktoren zerlegte.

Und damit begann unsere Chow-Schäferhund-Kreuzungszucht. Das ganze Verdienst kommt der treuen Liebe Pygis zu ihrem riesigen und gutmütigen Bubi zu. Ich bitte es mir moralisch hoch anzurechnen, daß ich den Sachverhalt wahrheitsgemäß darstellte. Es wäre nämlich verlockend, etwa zu schreiben: »Nach meiner eingehenden Analyse der Vor- und Nachteile, die dem Charakter der Lupus- und Aureushunde anhaften, lag der Versuch nahe, die günstigen Anlagen beider durch Kreuzung zu vereinigen. Dies gelang über alles Erwarten gut. Während sonst im allgemeinen Rassekreuzungen allzuhäufig gerade die schlechten Eigenschaften beider Elternarten in sich vereinigen, war hier in ausgesprochenem Maße das Gegenteil der Fall...« Was den *Erfolg* anlangt, wäre dies durchaus wahr und richtig, nur kam er eben leider ohne jede absichtliche Planung zustande.

Im Augenblick enthält unsere Zucht nurmehr sehr wenig Schäferblut, da meine Frau während meiner Abwesenheit im Kriege zweimal reine Chows eingekreuzt hat, übrigens gezwungenermaßen, da man andernfalls auf Inzucht angewiesen gewesen wäre. Aber selbst so macht sich in psychischer Hinsicht das Erbe Titos deutlich bemerkbar, die Hunde sind unvergleichlich anhänglicher und leichter erziehbar als reinblütige Chows, obwohl ihnen rein körperlich nur ein sehr scharfes Auge den Spritzer Schäferblut ansehen kann. Ich habe vor, diese Mischlingszucht jetzt, nachdem sie den Krieg glücklich überdauert hat, weiter auszubauen und mit dem bewußten Zucht-Ziel eines charakterlich idealen Hundes fortzusetzen.

Hat es denn seine Berechtigung, zu den vielen Hunderassen, die es heute gibt, noch eine weitere kreieren zu wollen? Ich glaube, ja! Der Wert, den der Hund heutzutage für den Menschen entwickelt, ist ein rein seelischer, wenn man von einigen wenigen Berufen, etwa Jägern und Polizeileuten, absieht. Was dein Hund dir zu geben vermag, ist dem sehr ähnlich, was mir das wilde Tier, das mich durch den Wald begleitet, gibt: die Wiederherstellung der unmittelbaren Verbundenheit mit der wissenden Wirklichkeit der Natur, die der Zivilisierte verloren hat. Dazu brauche ich aber einen Hund, der keine Modetorheit ist, sondern ein lebendiges Tier, kein Kunstprodukt und Triumph formzüchterischen Könnens, sondern ein natürliches Wesen mit unverbildeter Seele. Und die haben leider nur die wenigsten Rassehunde, am allerwenigsten aber die solcher Rassen, die einmal »modern« geworden sind und daher mit besonderer Berücksichtigung einer äußeren Idealform gezüchtet wurden.

Noch jede Hunderasse, die diesem Prozeß unterlag, hat Schaden an ihrer Seele genommen. Ich habe das Gegenteil vor: Ich will Hunde ausgesprochen mit dem Zuchtziel einer idealen Vereinigung der seelischen Eigenschaften von Lupus- und von Aureushunden züchten, einen Hund, der speziell das zu geben imstande ist, was der arme, zivilisierte und auf Asphaltboden lebende Mensch vom Hunde erwartet und braucht.

Wir wollen uns dies eingestehen und uns nicht vorlügen, daß wir den Hund als Schutz- oder Wachhund unbedingt nötig haben. Wir *haben* ihn nötig, aber nicht *dazu!* Ich jedenfalls habe den Hund, der in trüben fremden Städten mir auf den Fersen trottete, sehr nötig gehabt und viel Halt an der Tatsache seiner Existenz gefunden, so etwa, wie man Halt an einer Kindheitserinnerung, im Gedenken tiefer Wälder der Heimat, findet, wie man Halt an irgend etwas sucht, das einem im filmhaften Dahinfließen des Lebens sagt, daß man immer noch man selbst sei. Wenige Dinge gibt es, die mir diese Versicherung so deutlich und beruhigend geben, wie die Treue meines Hundes.

Lachen über Tiere

Ich lache eigentlich selten über ein Tier; und wenn ich lache, so stellt sich bei näherem Zusehen meist heraus, daß ich über mich selbst, über den Menschen gelacht habe, den mir das Tier in einer mehr oder weniger mitleidlosen Karikatur vorgeführt hat. Wir lachen vor dem Affenkäfig und nicht bei der Betrachtung einer Raupe oder Schnecke, und wenn die Balz eines kraftprahlenden Graugänserichs so unglaublich komisch wirkt, so deshalb, weil menschliche Jünglinge sich sehr ähnlich verhalten.

Über das Bizarre an Tieren lacht der Verständige im allgemeinen nicht. Es ärgert mich oft, wenn im zoologischen Garten oder im Aquarium die Besucher über ein Tier lachen, das in extremer Anpassung an eine besondere Lebensweise eine Körperform entwickelt hat, die vom Herkömmlichen abweicht. Der »Publikus« lacht dann nämlich über etwas, das mir heilig ist: über die Rätsel des Artenwandels, der Schöpfung und des Schöpfers. Die groteske Gestalt eines Chamäleons, eines Kugelfisches oder eines Ameisenbären erweckt in mir ehrfürchtiges Staunen, nicht Heiterkeit.

Freilich, über *unerwartete* Bizarrerien habe auch ich schon gelacht, obwohl dieses Lachen ja an sich nicht weniger dumm ist als das des Publikums, das mich ärgert. Als ich aus Holland den Land- und Kletterfisch Periophtalmus geschickt bekam und zum ersten Male sah, wie eines dieser Tiere aus dem Wasserbecken nicht hinaus, sondern nur auf den Rand sprang, dort »im

Stütz« sitzen blieb, den Kopf zu mir emporwandte und mit seinem Mopsgesicht, den vorquellenden scharfsichtigen Augen mich *fixierte*, da habe ich gelacht. Kann man sich vorstellen, wie es wirkt, wenn ein Fisch, ein richtiger unzweideutiger Knochenfisch, erstens auf einem »Sprießel« sitzt wie ein Kanari, zweitens den Kopf nach einem wendet wie ein höheres Landtier, wie irgend etwas, nur nicht wie ein Fisch, und wenn er dabei drittens beidäugig fixiert, was schon an der Eule komisch wirkt, weil nicht einmal Vögel ihre Augen in so menschenähnlicher Weise zu gebrauchen pflegen? Aber auch hier liegt die Komik nicht nur im unerwartet Bizarren, sondern zu gutem Teil in der verblüffenden Menschenähnlichkeit des Verhaltens.

Doch in den allermeisten Fällen, in denen ich über Tiere lachte, habe ich doch eigentlich über den Menschen gelacht, über mich, über den Zuschauer. Der Verhaltensforscher macht im Verkehr mit höheren Tieren oft eine ungemein komische Figur. Das ist unvermeidlich. Ebenso unvermeidlich ist es, daß er von seiner näheren und weiteren Umgebung für verrückt gehalten wird. Daß ich noch nie in die Psychiatrische Klinik eingeliefert wurde, ist nur dem Umstand zu danken, daß ich in Altenberg den Ruf verläßlicher Harmlosigkeit genieße, den ich mit dem anderen Dorfteppen teile. Zur Rechtfertigung der Altenberger will ich ein paar kleine Geschichten erzählen.

Ich experimentierte einst mit jungen Stockenten, um herauszufinden, warum frisch geschlüpfte, künstlich erbrütete kleine Wildenten im Gegensatz zu ebensolchen Graugänsen unzugänglich und scheu sind. Wildgansjunge betrachten ohne weiteres den Menschen, dem sie als erstem Lebewesen begegnen, als ihre Mama und laufen ihm getreulich nach. Stockentlein dagegen wollten von mir nichts wissen. Ganz frisch dem Brutapparat entnommen, ohne jede vorangegangene Erfahrung, hatten sie Angst vor mir, liefen davon und drückten sich in den nächsten finsteren Winkel. Woran lag dieser Unterschied? Mir fiel ein, daß ich einmal eine Türkenente ein Gelege Stockenteneier hatte ausbrüten lassen und daß die kleinen Stockenten auch diese Amme nicht als Mama-Ersatz angenommen hatten. Sie waren ihr, sowie sie trocken geworden waren, einfach davongelaufen, und ich hatte Mühe genug gehabt, die weinend umherirrenden Kindchen einzufangen und zu retten. Anderseits aber hatte ich Stockenteneier einmal von einer dicken weißen Hausente ausbrüten lassen, und dieser Pflegemutter waren die kleinen Wildlinge genauso brav nachgelaufen, als sei sie ihre wirkliche Mutter. Es mußte an dem Lockton der führenden Ente liegen, denn im Äußeren war die Hausente von einer Stockentenmutter stärker verschieden als die Türkenente. Was sie aber mit der Stockente gemein hatte, die ja die wilde Stammform unserer Hausente ist, waren ihre stimmlichen Äußerungen, die sich im Laufe des Domestikationsvorganges so gut wie nicht verändert haben. Daraus war zu folgern: Ich müsse wie eine Stockente quaken, damit mir die Jungen nachlaufen. »Er hängt die Glocke um, schreit ›Muh‹, / da glaubt das Kalb, er sei die Kuh.« Wilhelm Busch paßt doch auf jede Lebenslage.

Gedacht, getan! Als gerade am Pfingstsamstag eine Brut reinblütiger junger Wildenten schlüpfen sollte, tat ich die Eier in den Brutapparat, nahm dann die Kinder, nachdem sie trocken geworden waren, in meine Obhut

und quakte ihnen im besten Stockentisch die Führungs-
laute vor. Stundenlang, einen halben Tag lang. Das Quaken hatte Erfolg. Die kleinen Enten sahen vertrauensvoll
zu mir empor, fürchteten sich diesmal offensichtlich vor
mir nicht, und als ich mich, immer noch quakend, langsam von ihnen fortbewegte, setzten auch sie sich gehorsam in Bewegung und kamen, ein dicht gedrängtes
Häuflein, so wie kleine Entchen ihrer Mutter folgen,
hinter mir her. Meine Theorie war zwingend bewiesen:
Die frisch geschlüpften Entchen haben eine angeborene
Reaktion auf den Lockton, jedoch keine auf das optische
Bild der Mutter. Alles, was den richtigen Quakton von
sich gibt, wird als Mama betrachtet, ob es nun eine dicke,
weiße Pekingente oder ein noch viel dickerer Mensch ist.
Nur allzu *groß* durfte das Ersatzobjekt nicht sein! Ich
hatte mich zu Beginn dieser Versuche zu den Entenkin-
dern ins Gras gesetzt und war, um ihre Nachfolgereak-
tion auszulösen, sitzend von ihnen weggerückt. Sobald
ich aber aufstand und versuchte, aufrecht vor ihnen her
zu gehen, versagten sie, blickten, offenbar suchend, nach
allen Seiten, nicht aber zu *mir empor,* und begannen
alsbald ihr durchdringendes Pfeifen des Verlassenseins,
das wir meist einfach als »Weinen« zu bezeichnen pflegen. Darauf, daß ihre Ersatz-Mama so hoch sei, konnten
sie sich nicht umstellen. Ich war also gezwungen, mich in
tiefer Hocke zu bewegen, sollten sie mir nachfolgen. Das
war wenig bequem; noch weniger bequem aber war der
Umstand, daß eine richtige Entenmutter *ununterbrochen* quakt. Hörte ich nur eine halbe Minute mit meinem
melodischen »Quähggegegeg« auf, bekamen die Enten-
kinder immer längere und längere Hälschen, was genau
einem länger werdenden Gesicht eines Menschenkindes

entspricht, und wenn ich dann nicht sofort quakte, brach das scharfe Weinen aus. Sowie ich schwieg, glaubten sie gewissermaßen, ich sei gestorben, oder ich liebte sie nicht mehr; Grund genug zu weinen. Die Stockentchen waren also im Gegensatz zu den Grauganskindern sehr anspruchsvolle und anstrengende Pfleglinge; denn man stelle sich vor: zwei Stunden Spaziergang mit solchen Kindern, dauernd in tiefer Hocke und ununterbrochen quaken ...

Im Interesse der Wissenschaft habe ich mich dieser Mühe tatsächlich stundenlang unterzogen. Ich wanderte also an jenem Pfingstsonntag mit meinen eintägigen Stockenten in tiefer Hocke und quakend auf einer maigrünen Wiese im oberen Teil unseres Gartens dahin und erfreute mich an dem Gehorsam und an der Genauigkeit, mit der meine Entleinschar hinter mir hergewackelt kam. Aber als ich einmal aufblickte, sah ich den Rand des Gartenzauns eingefaßt mit einer Reihe bleicher Gesichter: Eine Ausflugsgesellschaft stand am Zaun und starrte entsetzt auf mich. Verzeihlich! Denn die Leute sahen da einen dicken Herrn mit Schnurrbart in tiefer Hocke und Achtertouren auf der Wiese herumrutschen, sich dauernd über die Schulter schaun und ohne Unterbrechung quaken – die Entlein aber, die erlösenden und alles erklärenden Entlein, konnten jene erschreckten Zaungäste in dem hohen Maiengrase leider nicht sehen!

Ich habe schon erzählt, daß die Dohlen sich sehr lang merken, welches Wesen ihre Schnarr-Reaktion ausgelöst, wer also eine Dohle ergriffen hat. Darin lag ein erhebliches Hindernis für die Beringung der in meiner Kolonie erbrüteten Jungdohlen. Wenn ich sie aus den Nestern nahm, um sie mit Rossittener Aluminiumringen zu kennzeichnen, war es nämlich nicht zu vermeiden, daß mich die alten Dohlen sahen und ein wüstes Schnarrkonzert anstimmten. Wie es aber anstellen, daß die Vögel durch die Maßnahme des Beringens mich nicht für immer scheuen, was meine Arbeiten unermeßlich behindert hätte? Die Lösung war einfach: Verkleidung. Aber welche? Wieder sehr einfach, sie lag ja in einem Kasten im Bodenraum griffbereit und war für meine Zwecke sehr brauchbar, obwohl sie normalerweise nur am 6. Dezember hervorgeholt wurde: ein herrlicher, dickpelziger Krampusanzug mit einer Maske, die den ganzen Kopf überzog, mit Hörnern und Zunge und einem gewaltigen, bequasteten, weit abstehenden Teufelsschwanz.

Was würdest du denken, wenn du an einem schönen Junitag plötzlich von einem hochgiebeligen Hausdach herab ein wildes Schnarren hörst und, hinaufblickend, das nordische Phantom mit Hörnern, Schweif und Klauen, mit offenbar vor Hitze weit heraushängender Zunge von Rauchfang zu Rauchfang klettern siehst, umschwärmt von betäubend schnarrenden schwarzen Vögeln? Ich glaube, in diesem Falle ließe der Gesamteindruck übersehen, daß der Teufel mit einer Flachzange Rossittener-Ringe an den Beinen junger Dohlen befestigt und die Tiere dann wieder sorgfältig in die Nester setzt. Erst als ich mit dem Beringen fertig war, sah ich, daß sich in der Dorfstraße eine dichtgedrängte Menschenmenge angesammelt hatte, die mindestens ebenso entgeistert heraufstarrte, wie jene Pfingstausflügler über den Gartenzaun. Da der ganze Zweck der Übung verfehlt gewesen wäre, hätte ich mich zu erkennen gegeben, wedelte ich nur freundlich mit meinem Teufelsschwanz und verschwand in der Bodenluke.

Das dritte Mal, daß ich Gefahr lief, in die Psychiatrische Klinik eingeliefert zu werden, trug mein großer Gelbhaubenkakadu Koka die Schuld. Ich hatte kurz vor Ostern diesen schönen und sehr zahmen Vogel um eine recht beachtliche Summe gekauft. Es hatte viele Wochen gedauert, bis der arme Kerl die seelischen Schädigungen seiner Gefangenschaft überwunden hatte. Anfänglich konnte er nicht begreifen, daß er nicht mehr angehängt sei und sich frei bewegen dürfe. Es war ein mitleiderregender Anblick, wie der stolze Vogel, auf einem Baumast sitzend, immer wieder zum Fluge ansetzte, aber nicht abzufliegen wagte, weil er »nicht glauben konnte«, daß er nicht mehr an der Kette hänge! Als er diese Hemmungen endlich überwunden hatte, wurde er ein sehr lebendiges und übermütiges Wesen und entwickelte eine rührende, hundeähnliche Anhänglichkeit an meine Person.

Sowie man ihn aus dem Raum freiließ, in den er damals noch nachtsüber eingeschlossen wurde, flog er mich suchen und bekundete dabei eine höchst erstaunliche Intelligenz. Schon nach sehr kurzer Zeit hatte er erfaßt, an welchen Orten ich mich wahrscheinlich aufhielt: Zuerst flog er zu meinem Schlafzimmerfenster, fand er mich dort nicht, hinunter an den Ententeich; kurz, er durchlief meine ganze »Morgenvisite« bei den verschiedenen Tierbehältern unserer Station. Diese hartnäckige Suche war nicht ungefährlich, und er hatte sich bei dieser Gelegenheit auch schon mehrmals verflogen. Daher hatten meine Mitarbeiter strengen Auftrag, während meiner Abwesenheit den Kakadu nicht ins Freie zu lassen.

An einem strahlenden Samstag im Juni stieg ich, aus

Wien kommend, am Altenberger Bahnhof aus, inmitten einer Schar Wochenend-Badegäste, wie sie an schönen Feiertagen mein Heimatdorf zu besuchen pflegen. Ich war erst wenige Schritte die Dorfstraße entlanggegangen, die Menschenschar hatte sich noch nicht verlaufen, da sah ich hoch, hoch in der Luft einen Vogel, den ich nicht sofort anzusprechen vermochte. Er flog mit gleichmäßigen, langsamen Flügelschlägen, die er in regelmäßigen Abständen durch längeren Gleitflug unterbrach. Ein Bussard? Der Vogel kam mir mehr flächenbelastet und überhaupt schwerer vor. Ein Storch? Dafür war er nicht groß genug, auch hätte man trotz der Höhe Hals und Beine sehen müssen. Da machte der Vogel eine Schwenkung, so daß die Strahlen der bereits tief stehenden Sonne einen Augenblick lang voll auf die Unterseite der großen Schwingen fielen, die im Blau des Himmels gleich Sternchen aufleuchteten. Der Vogel war weiß – bei Gott, es war mein Kakadu, der da oben, sichtlich in der Absicht, eine große Strecke zu durchfliegen, in gleichmäßigem Wanderfluge dahinruderte.

Was tun? Den Vogel locken! Hast du schon einmal den Fluglockruf des großen Gelbhaubenkakadus gehört? Nein? Aber Schweineschlachten alter Manier sicher. Man stelle sich also Schweinegeschrei von größter Lautstärke vor, mit einem guten Mikrophon aufgenommen und einem Lautsprecher vierfach verstärkt. Der Mensch kann recht gut, wenn auch schwächlich, es nachahmen, wenn er einfach so laut wie möglich »Oäh, oäh« brüllt. Es war schon erprobt worden, daß der Kakadu diese Nachahmung verstand und prompt herbeikam. Ob aber auch aus so großer Höhe? Der Entschluß, abwärts zu fliegen, fällt allen Vögeln schwerer als der, geradeaus oder aufwärts zu fliegen. Soll ich brüllen oder soll ich nicht? Brülle ich, und der Vogel kommt, ist ja alles gut. Wie aber, wenn das Vieh da oben ruhig weitersegelt? Wie der Menschenmenge meinen Gesang erklären?

Schließlich *habe* ich gebrüllt. Die Menschen um mich her standen wie vom Schlage gerührt. Der Kakadu klafterte einen Augenblick reglos, dann falteten sich die weißen Flügel, und der Vogel kam im Sturzflug herab und landete auf meinem hingehaltenen Arm. Noch einmal gut gegangen.

Einmal hat mir ein Streich desselben Kakadus einen ernstlichen Schrecken eingejagt. Mein Vater, damals schon ein sehr alter Herr, pflegte an der Südwestseite unseres Hauses, am Fuße der Terrasse, auf einem Liegestuhl Siesta zu halten. Es war mir aus ärztlichen Erwägungen nicht ganz recht, ihn der prallen Mittagssonne ausgesetzt zu wissen, doch ließ er sich von seiner alten Gewohnheit nicht abbringen. Eines Tages hörte ich nun zur Siestazeit meinen Vater an jenem Platze gotteslästerlich fluchen, und als ich um die Ecke des Hauses lief, sah ich den alten Herrn in verkrampfter Haltung die Auffahrt heraufwanken, tief vorgebeugt und die Arme um den Leib geschlungen.

»Um Gottes willen, ist dir schlecht geworden?«

»Nein«, kam erbittert die Antwort, »schlecht ist mir nicht, aber das verfluchte Vieh hat mir sämtliche Knöpfe von der Hose abgebissen, während ich geschlafen habe!«

Und so war es. Der Lokalaugenschein auf dem Tatort zeigte, in Knöpfen ausgelegt, die ganze Figur des Herrn Hofrat: da die Arme, hier die Weste, dort unzweifelhaft das Tor der Hose. Das Gesamtbild erinnerte etwas an den schauerlichen Schluß von Max und Moritz: »Hier kann man sie noch erblicken, fein geschroten und in Stücken.«

Eines der schönsten Kakaduspiele, das an schöpferischer Erfindungsgabe und Sachbezogenheit geradezu an Affen und Menschenkinder erinnert, entstand aus der heißen Liebe des Vogels zu meiner Mutter, die, solange sie sich im sommerlichen Garten aufhielt, ununterbrochen strickte. Der Kakadu schien völlige Einsicht in die Mechanik des Knäuels und in die Verwendbarkeit der Wolle zu besitzen. Immer faßte er das freie Ende des Wollfadens mit dem Schnabel und flog dann kraftvoll in den Luftraum hinaus, hinter sich den Knäuel entrollend. Wie ein Papierdrache mit langem Schwanz stieg der Vogel hoch und flog dann regelmäßig in Kreisen um eine große Linde, die damals vor unserem Hause stand. Einmal, als er bei diesem Geschäft nicht gestört wurde, umspann er den Baum bis zum Wipfel hinauf mit bunten Wollfäden, die aus der sperrigen, weit ausladenden Krone einfach nicht wieder herunterzukriegen waren. Besucher standen dann staunend vor dieser Linde und verstanden weder, wozu sie so geschmückt war, noch, wie wir das angestellt hatten.

Der Kakadu machte meiner Mutter in der entzückendsten Weise den Hof, umbalzte sie in grotesken Tänzen und folgte ihr überallhin. War sie nicht da, suchte er sie ebenso angestrengt, wie er in seiner Jugendzeit mich gesucht hatte. Nun hatte meine Mutter nicht weniger als vier Schwestern. Einmal waren diese Tanten nebst einigen ebenso ältlichen Freundinnen zu einer feierlichen Jause in der Veranda unseres Hauses versammelt. Sie saßen um den riesigen runden Tisch. Vor jeder stand ein Teller mit selbstgezüchteten herrlichen Ananaserdbeeren, und in der Mitte stand eine sehr flache, große, glasierte Keramikschale mit *feinstem* Puderzucker. Der Kakadu erspähte von draußen meine an diesem Tische präsidierende Mutter, als er zufällig oder absichtlich vorbeigeflogen kam. Im nächsten Augenblick kam er in steilem Sturzflug gewandt durch die breite Tür geschwenkt, die immer noch schmaler als die Spannweite seiner Schwingen war, in der Absicht, vor meiner Mutter, mitten auf dem Tisch, zu landen, dort, wo er auch sonst zu sitzen und ihr Gesellschaft zu leisten pflegte, wenn sie strickte. Nun fand er aber die Landungsfläche verstellt mit vielerlei flugtechnisch hinderlichem Gerät, dazu im Kreis lauter unbekannte Gesichter. Er überlegte sich also die Sache, fing sich in der Luft über dem Tisch rüttelnd ab, kehrte als Hubschrauber am Platze um, gab erneut Vollgas und war im nächsten Augenblick wieder bei der Tür hinaus und spurlos verschwunden. Ebenso der Puderzucker aus der flachen Keramikschale, aus der ihn der Propellerwind restlos herausgeweht hatte. Und um den Tisch herum saßen sieben schneeweiß gepuderte Tanten, sieben Rokokodamen, die aber *ganz* weiß waren, also auch im Gesicht, und krampfhaft die Augen geschlossen hatten! Schööön!

Konrad Lorenz

Das sogenannte Böse

(Zur Naturgeschichte der Aggression)

Von den »Großen Vier«, die das Leben beherrschen – Hunger, Liebe, Furcht und Aggression – behandelt Konrad Lorenz in seinem neuen Buch die auf den Artgenossen gerichtete Aggression. Bernhard Grzimek schreibt im ›Spiegel‹: »Dieser Trieb ist dabei, eine Art auf Erden möglicherweise ganz zu vernichten: die des Menschen – so wie im Laufe der Erdgeschichte schon viele Arten erloschen sind, die sich sehr einseitig überentwickelt hatten. Triebe stauen sich auf, sie lassen sich kaum unterdrücken, aber sie lassen sich ritualisieren, in feste Formen bringen, bei denen die Aggression entladen wird, ohne den Gegner zu verletzen, beim Hirsch der Kampf Geweih gegen Geweih, bei Menschen – vielleicht – Fußball und Sport. Was Lorenz schließlich für das Zusammenleben der Menschen schlußfolgert, sind Annahmen, Vermutungen. Aber die Fülle der Tatsachen aus anderen Lebensgemeinschaften überwältigt so, daß sie zugleich verpflichtet, sich hier weiter Gedanken zu machen und zu forschen. Schließlich geht es um das Fortleben der Menschheit auf Erden. Völlig schwarz sieht in diesem Punkt gerade der Naturforscher Konrad Lorenz noch nicht. ›Der Mensch ist gar nicht so böse von Jugend auf, er ist nur nicht ganz gut genug für die Anforderungen des modernen Gesellschaftslebens.‹« Mit diesem Zitat schließt Bernhard Grzimek seine Besprechung dieses Buches, von dem er glaubt, daß es noch in zwanzig Jahren zitiert und unsere Zukunft beeinflussen wird.

1973 wurde Konrad Lorenz mit dem Nobelpreis für Medizin ausgezeichnet.

Im Verlag Dr. G. Borotha-Schoeler, Wien